AF404142

CRITIQUE DE LA RECHERCHE DE LA VERITÉ.

Où l'on examine en même-tems une une partie des Principes de M DESCARTES.*

LETTRE,

PAR UN ACADEMICIEN.

A PARIS,

Chez MARTIN COUSTELIER, rüe
S. Jacques, à la Teste d'Or.

M. DC. LXXV.

AVEC PERMISSION.

R. 2231.

Avertissement.

LE mot de *Critique* fera juger d'a-bord qu'on a deſſein de blâmer tout ce qui eſt dans le Livre DE LA RE-CHERCHE DE LA VERITE´ : mais on ſçait aſſez que ce mot eſt indifferent de luy-méme; & ſi on l'interprete ordinairemét en mauvaiſe part, cela vient d'une mé-chante coûtume qui s'eſt introduite d'é-riger lesCritiques en Satires. Quelques plaiſirs que les hommes treuvent dans la mediſance, & quelques aplaudiſſemens qu'ils puiſsét dóner, aux Railleries, aux Pointillemens, & à tout ce qui peut flat-ter leur orgueil ; on n'a pas ſouhaité de les ſatisfaire dans cette Inclination de-pravée. On a tâché d'en uſer avec ho-nêteté, ſans emportemens & ſans ai-greur ; on s'eſt méme éloigné de toutes les expreſſions qui pouvoiét témoigner tant ſoit peu de mépris, bien-loing que l'on ſoit tombé dans le defaut que l'Au-teur de *la Recherche* a remarqué dans le 11. chap. de ſon 3. Livre.

Si on en avoit agi autrement, on ſe croiroit fort blamable, car les Perſonnes dont on parle icy ne devans attendre que des loüanges & des reconnoiſſances, on auroit eſté fort injuſte de tâcher d'obſcurcir leur merite, de quelque maniere que ce ſoit. D'autant plus qu'elles ont travaillé ſur une Matiere dans laquelle on ſçait aſſez qu'il eſt difficile d'avoir tout le ſuccés que l'on pourroit ſouhaiter.

Neanmoins on a crû qu'il eſtoit utile de remarquer ce qu'on a trouvé de defectueux dans une partie de leurs Ouvrages, parce qu'on eſt perſuadé que les Hommes s'inſtruiſent plus facilement lorſqu'ils découvrent ce qu'ils doivent éviter, que lors qu'ils ſont engagez à ſuivre d'un pas égal le chemin qui les conduit à la perfection qu'ils deſirent.

C'eſt dans cette ſeule vuë de l'Utilité de cette Critique que l'on s'eſt reſolu de l'entreprendre.

Pour ce qui eſt de l'Auteur de *la Recherche*, en particulier, on ne croit pas qu'ils ſoit aſſés attaché à ſon Livre, pour le vouloir deffendre au prejudice du bon Sens & de la Verité, dans tous les endroits où il reconnoiſtra qu'il le doit abandoner. On auroit trouvé dans les Ouvrages de Mr DESCARTES dequoy donner ſujet aux reflections que l'on a faites; Mais on eſt bien aiſe d'avoir une Perſonne qui ſe puiſſe expliquer elle-méme, & qui puiſſe apuyer ſa Doctrine quand il ſera juſte de le faire. On ſe perſuade auſſi que cet Auteur en uſera avec beaucoup d'équité, & de moderation : & l'on peut l'aſſurer qu'il trouvera toûjours des gens qui n'auront pas moins de contentement à changer de penſée, lors que la Raiſon les obligera de le faire, qu'à ſoûtenir leurs premiers ſentimens quand ils reconnoiſtront qu'ils ſont conformes à la Verité.

On a donc choiſi quatorze Chefs, dont la diſcuſſion a paru de plus grande conſequence ; & l'on s'eſt abſtenu de quantité d'autre ſujets que le Livre de *la Recherche* pouvoit fournir, & dont la Critique auroit eſté plus divertiſ-

fente ; mais comme on a philofophé à
la maniere de l'Ancienne Academie,
dont les Lois font trop-feveres pour
permettre qu'on s'occupe à divertir un
Lecteur par la decifion de quantité de
Chofes qui font l'Objet de fa curiofité
& de fon empreffement ; On s'eft éloigné autant qu'on a pû du defaut de toutes les Logiques qui font en regne, dans
lefquelles on fe donne la liberté de fuppofer quantité de chofes qui devroient
paffer pour des Conclufions des Sciences
que l'on croit défja poffedé.

Il eft vray qu'on ayme à voir des Logiques parées de diverfitez qui recréent
l'Efprit & qui luy permettent de fe jetter dans toutes les Sciences particulieres
qui font capables de le réjoüir : mais il
eft vray auffi que ces Methodes font
toûjours inutiles pour la Fin à laquelle
elles devroient fervir, & qu'elles ne fi-
niront jamais les Diffentions que l'Ignorance & la Prefomption des Hommes
ont coûtume d'entretenir. Au-lieu que
la Maniere de philofopher que l'on ob-
ferve icy eft le feul moyen d'en retran-

cher la Source. Puifqu'on y fait eftat de ne rien avancer que ce que le bon-Sens peut fuggerer à tous les Hommes, fans qu'ils foient enteftez d'aucuns Principes particuliers. Neanmoins on prevoit qu'elle n'agrérz qu'à tres-peu de Perfonnes, & que nonobftans tous les Avertiffemens que l'on fçauroit donner, les Uns imputeront à l'Auteur de cette Lettre quantité de Sentimens fur lefquels il ne veut point fe declarer, & les Autres trouverõt mauvais de ce qu'il s'abftient de decider beaucoup de chofes fur lefquelles il a crû eftre obligé de fufpendre fon Jugement. Mais cela n'empéchera pas qu'on ne reconnoiffe à la-fin que ce n'eft point fans fujet qu'il a aporté tant de precaution.

Les Cartefiens ne fçauroient bien refuter les Peripateiciens, non-plus que les Paripateticiens ne fçauroient bien refuter les Cartefiens, parce que les Uns empruntent des Autres dequoy fe defendre de leurs reproches, & comme ils ne fe fervent quafi que de ces fortes d'Argumens que l'on apelle *Ad hominem*, ils peuuent se jetter de part & d'autre dans la confusion , & dans le trouble, sans qu'il en resulte aucune lumiere constante, ny aucun avātage incontestable.

Cependant si la Methode de M. Descartes attire l'approbation de quantité de personnes de bon-sens, cela vient de ce qu'elle approche un peu de la maniere de philosopher des Academiciens. Et si la Logique d'Aristote contient des Chicanes qui rebutent méme Ceux qui font profession de la suivre, c'est qu'elle ne fournit que de simples termes qne ce Philosophe s'est efforcé de faire valoir, sans se mettre en peine de nous conserver les Idées que son Maistre luy avoit acquises par les travaux de tant d'Illustres Anciens qui ont preferé la connoissance de la Verité , à tous les interests que l'Embition fait trouver dans l'establissemēt des nouvelles Doctrines,

C'est ce qu'il est facile de reconnoistre. On verra toûjours que de toutes les Manieres de philosopher, Celle des Academiciēs est la plus legitime & la plus judicieuse : Car apres tout , il n'y a rien de

plus raisonnable en matiere de Sciences, *que de ne se conduire que par Demonstrations, de faire une grande difference des
Choses que l'on sçait, & de Celles que l'on ne
sçait pas, d'avoüer qu'on en sçait peu, &
qu'on en ignore beoucoup, & de chercher
toûjours des Connoissances nouvelles.* C'est
ce qu'on exerce principalement & veri-
ritablement dans cette seul maniere
de philosopher, & si on a jamais assez
de courage & assez de patience pour
suivre ces Regles avec exactitude, on
doit esperer un succés plus grand qu'on
ne sçauroit se l'imaginer; d'autant-plus
que les Veritez que l'on a découvertes
dans les derniers Siecles , ajouteront
de nouvelles sources de Lumieres à ces
Anciennes Meditations.

Pag	Lig.	Fautes.	Correction.
11.	14.	deſſus	deſſous
14.	12.	droit	doit
29.	15.	rien	point
46.	28.	en laquelle	à laquelle
50.	22.	parce qu'il	par laquelle il
84.	17.	qu'elle	lors qu'elle
84.	18.	qu'il	qu'elle
Ibid	Ibid.	voudroient	voudroit
11.	4.	trompte	trompe
16.	11.	*medum*	*modum*

CRITIQVE DE LA RECHERCHE DE LA VERITE'.

LETTRE,

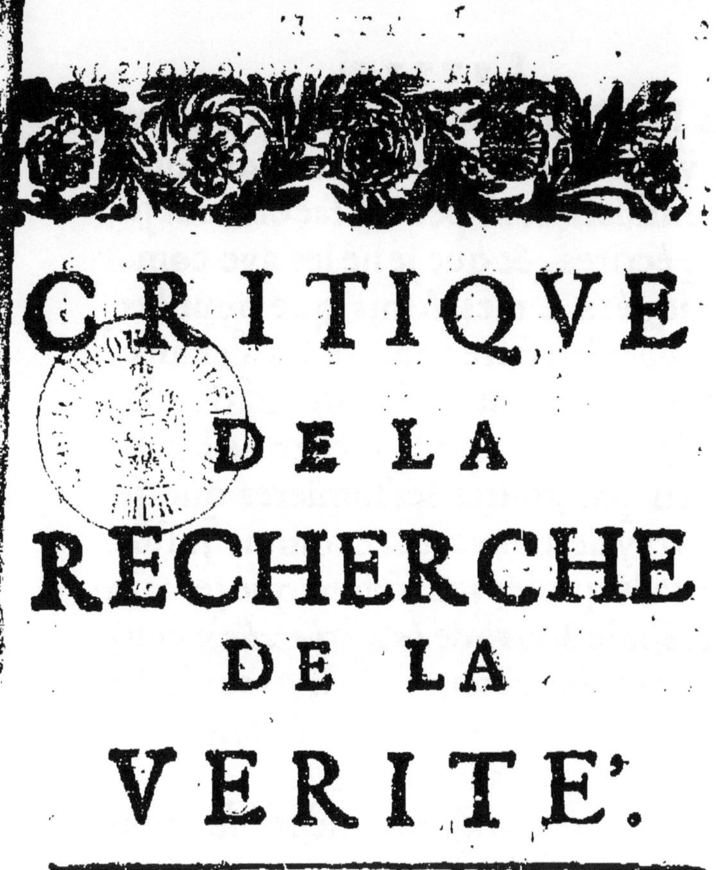

E Livre de la Recherche de la Verite, merite bien que l'on prenne la peine de l'examiner; & je ne suis pas faché, Monsieur, que vous m'ayés invité à vous en declarer mon sentiment; Cela me donnera lieu de justifier la maniere de philosopher que j'ay observée

dans les Diſſertations que je vous ay
fait voir ſur le même ſujet : Quoy que
je conſidere fort peu la façon dont je
les ay écrites, & que je ne les aye com-
muniquées à mes Amis que pour les
prier de m'en faire conêtre les defauts;
j'eſtime pourtant aſſez leur matiere &
leurs principes, pour tâcher de les é-
claircir par toutes les lumieres que je
recevray de nouveau : & comme je ſuis
perſuadé que les reflexions que je vais
faire ſur le Livre de *la Recherche* y con-
tribüront beaucoup ; C'eſt avec plaiſir
que je vois redoubler icy l'obligation
que j'ay de vous ſatisfaire.

Premierement, Monſieur, je vous
avoüe que le deſſein de ce Livre
me paroiſt tres-conſiderable ; & je
ne crois pas qu'il ſoit facile d'en trouver de plus importans : car s'il faut conſiderer les Sciences comme l'Un des plus
grand biens que les Hommes doivent
ſouhaiter ; & ſi la Verité eſt ce qu'elles ont de plus precieux, il eſt ſans
doute que le moyen de la decouvrir
merite principalement nos ſoins, &
noſtre recherche : & c'eſt à quoy
l'Auteur de ce Livre s'eſt occupé.

Mais en mesme temps, il y a sujet de
s'estonner que tres-peu de Personnes
ayent entrepris la mesme chose, & que
d'vn nombre presque infiny d'Ecri-
vains qui ont tâché d'avācer les Sciences, il y en ait à peine quelques-vns
qui se soient adonnez aux premiers
Principes.

On entre facilement dans les dernieres questiōs, & l'on se plait à s'en-
gager dans les sujets les plus éloi-
gnez & les plus extraordinaires, auec
vn mépris extreme des Commence-
mens, & cela ne vient que de ce que
l'on cherche l'aplaudissement du Vulgaire qui fonde son estime sur l'apparence des Titres que l'on choisit, &
sur la grandeur ou l'éclat des Matieres
que l'on entreprend de traiter : Encore si les premiers Principes auoient
esté bien establis , ou en cas qu'ils
l'ayent iamais esté , si leur établisse-
ment auoir passé iusqu'à nostre Siecle ; on pardonneroit à Ceux qui s'e-
xemptent de cette discussion, dans le
dessein d'apporter quelque chose de
nouueau : quoy qu'apres tout, ils auroient encore besoin de toucher ces

Principes pour faire voir que leurs Affertions en feroient des Confequences.

Mais il eft trop vray que ces grands Principes font encore inconnus, & qu'ils font embaraffez de difficultez prés-qu'infurmontables ; bien loing que l'on y treuue l'Euidence qui feroit neceffaire pour fonder de veritables Demonftrations ; & qui plus eft, on eft affés perfuadé de cette Verité. On demeure facilement d'accord que les Principes fur lefquels ou fe fonde en Philofophie, font tres-obfcurs, & qu'il feroit à fouhaiter qu'on en eut treuué de plus évidents & de plus inconteftables que ceux que l'on a cultiuez jufqu'à prefent. On avoüe librement que toutes chofes font problematiques, iufques-là que les Perfonnes qui paffent pour confomméez en fciences, reconnoiffent d'autant mieux la foibleffe & le peu de fondement de ces grands Syftemes que l'on augmente tous les jours, qu'ils ont éprouué plus long-temps, & l'importáce, & l'obfcurité des premieres Notions. Les Vieillards font encore

moins affirmatifs que les jeunes gens,
& l'on ne treuve quasi personne qui
fasse difficulté de se seruir de cette façon de parler si renommée, *vnum scio
quod nihil scio.*

Voila, Monsieur, ce que l'on reconnoist dans la pluspart des Philosophes, lors qu'on les reduit à rendre
raison des premiers principes : mais
on peut dire que c'est vn aveu bien for-
cé, & que si leur esprit consent à leurs
paroles, c'est d'vne maniere tellement
abstraite & metaphysique, qu'ils n'en
sont quasi point touchez. Comme si
cette verité estoit trop legere & de
trop peu de consequence, pour meri-
ter quelques reflections, ou plutost,
comme si elle leur estoit odieuse, ils
s'en éloignent auec tant d'ardeur, qu'il
ne faut pas s'estonner s'ils la perdent
bien-tost de veuë. En effet dans les
dernieres Questions, on ne les entend
plus se pleindre de la foiblesse de l'E-
sprit humain & de la difficulté de treu-
uer quelque chose de constant. Tout
leur est clair, Tout leur est facile, & rien
n'est capable de les troubler dans leurs
sentimens. Ce ne sont plus des hom-

mes qui doutent auec fincerité , mais
ce font des Oracles qui prononfent fur
toutes chofes auec tant d'affurance,
qu'il femble que ce foit vn crime dé
les foupçonner d'erreur. Leurs premieres affertions en attirent d'autres,
& celles là font confirmées par des vo-
lumes entiers de femblables propofi-
tions: Mais comme ils ne font pas
Tous de mefmes fentimens, à caufe de
l'obfcurité des Principes dontie parle;
cela leur permet de fe jetter dans tou.
tes fortes d'hypothefes, felon leur gou,
& felon leur inclinatió: De là naiffent
des Sectes oppofées qui engagent les
Difciples à jurer fur les paroles de
leurs Maiftres, & à faire tous leurs efforts pour conferuer des diffentions
eternelles qui font encore les fources
d'vne infinité d'ouvrages, ou fuivis ou
contraires, dont la lecture eft plus que
fuffifante pour occuper tout le temps
dont les hommes peuuent difpofer
pendant leur vie. Cependant il ne faut
pas vn raifonnement fort fubtil pour
conclure que tous ces trauaux font inutiles, & que c'eft en vain que des
Partis contraires fe tourmentent ainfi

à se refuter auec tant de chaleur de part & d'autre : Car il est évident que les Principes doivent regler toutes choses, & que si ces Philosophes vouloient seulement jetter les yeux sur ces premieres connoissances, ils découvriroiët qu'ils ne sont pas si differents entr'Eux qu'ils se l'imagiuent, puis qu'vne pareille faute les engage dans des égaremens qui leur sont communs.

Auec tout cela, Monsieur, cette presomption reduit les Esprits dans le plus deplorable estat auquel ils puissent estre à l'égard des Sciences. car quand on croit *sçauoir*, lors qu'on ne *sçait pas*, non seulement on est dans l'Erreur, mais on ne se met point en peine d'en sortir : On se forme vne habitude à conseruer des sentimens que l'on devroit estouffer, & comme on prend plaisir à se tromper soy mesme, on deuient entierement incurable de mesme que les Malades qui ne veulent point avoüer leur maladie. Au lieu que si on reconnoissoit de bonne foy, que l'on ne sçait pas ce qne l'on voudroit sçauoir ; on tâcheroit

d'acquerir des lumieres , ſi tant eſt
que l'on ſoit aſſuré qu'il ne ſoit pas impoſſible de découvrir la Verité, ſinon,
on joüiroit du Repos que les Phyrrõ-
niens ſe ſont promis. Vous ſçauez,
Monſieur , qu'il n'eſt pas ſi peu con-
ſiderable , qnoy qu'il ſoit pourtant
bien au deſſous de de celuy que l'on
poſſede , lors qu'on eſt arriué à la
perfection de la Science.

Comme donc le deſſein du Liure que
nous examinons , n'eſt que de nous
conduire à cet heureux eſtat , je n'ay
point de peine à dire qu'il m'paroiſt
de grande conſequence. De ſçauoir ſi
ſon Auteur croit avoir treuué la Verité ; c'eſt vne choſe qu'il n'eſt pas neceſſaire de toucher , il ſuffit qu'il faſſe
icy le perſonnage d'vn homme qui la
cherche.

Je ne veux pas croire qu'il ſuppoſe
qu'on ne l'aye iamais conniïe , du
moins auant M. DESCARTES; ſur
les principes duquel il ſe fonde entierement: outre qu'on ne pourroit ſou-
ſtenir ce ſentiment ſans quelque ſorte
de temerité dont ie le juge incapable,
c'eſt qu'on ne voit pas qu'il l'aye de-

claré positiuement en aucun endroit de son ouvrage, quoy qu'il parle en ces termes dans sa Preface. *De sorte qu'on peut dire auec quelque asseurence qu'on n'a point assez clairement connu la nature & les proprietez de l'esprit ; que depuis quelques années,* & au Chapitre 2. de sa premiere partie pag. 26. *Descartes a découvert en* 30. *années plus de veritez que tous les autres Philosophes, &c.*

Pour ce qui est d'Aristote en particulier, il le condamne entierement, lors qu'il dit que l'on peut assurer de ce Philosophe *que l'on n'expliquera iamais aucun phenomene de la nature par les principes qui luy sont particuliers ; non-plus qu'ils n'y ont encore de rien seruy depuis deux mil ans.* Cap. 1. Pag. 22. Mais quoy qu'il en soit, & quoy qu'il en ait pû croire, son dessein ne laisse pas d'estre encore important, parce qu'il y a tousiours les mesmes choses à faire à l'égard de Ceux qui commencent à connoistre la Verité de nouueau, que si elle n'auoit iamais esté connuë.

D'ailleurs ie ne luy fais pas tort de regarder son Liure comme vne Methode pour jetter les fondemens des Sciences, car outre que ſon Titre le té-moigne , il ſe declare ſur ce point , en cette maniere. *Examinons les cauſes*

Cap. 1
p. 2.

& la nature de nos erreurs ; & puis que la Methode qui examine les cho-ſes en les conſiderant dans leur naiſ-ſance & dans leur origine, à plus d'or-dre & de lumiere , & les faire con-noiſtre plus à fond que les autres , tâ-chons de la mettre en vſage.

*
* *

SA maniere d'écrire eſt aſſez libre; cõme il ne la point géennée de tou-tes les contraintes que les plus ſeue-res Correcteurs de la Langue ont vou-lu impoſer à Tous Ceux qui écriuent; il ne l'a point auſſi affoiblie par des affectatiõs qui ſont ordinaires à Ceux qui ne cherchent que les ornemens du diſcours. C'eſt ainſi qu'il en deuoit vſer ayant à traiter vne matiere ſi ſerieu-ſe; Principalement dans vne entrepri-ſe où il s'agit de ce qu'il y a de plus ſo-lide & de plus immuable dans le mon-de, C'euſt eſté vne choſe indigne , de s'attacher à des Tours de Phraſes & à des Arrengemens de Particules , qui

n'ont pour fondement que l'Opinion
des hommes, le Caprice de la Multitu-
de & la Coſtume de quelque Prouince.

Je ne ſçais ſi ie me trompte, & ſi
ce ſentiment ne tient pas vn peu trop
du Philoſophe ; il me ſemble qu'on
doit ſe contenter lors qu'vn homme
fait bien entendre ſa penſée, & qu'il
s'exprime ſans équiuoques & ſans
contradictions. C'eſt témoigner de la
foibleſſe d'eſprit que de s'arreſter à
des façons de parler, lors que toute
l'application dont nous ſommes capables eſt encore au deſſus des ſujets que
nous deuons examiner : & ſi cela eſt
iamais permis, ce n'eſt que dans les
Liures qui ne ſont deſtinez qu'à la
perfection du langage : pour ce qui eſt
de ceux qui regardent l'eſtabliſſement
des Sciences & les derniers efforts du
raiſonnement, on ne ſeroit pas moins
ridicule d'y demander la meſme poli-
teſſe, que de vouloir joindre à la ſo-
lidité de ces grands Edifices que l'on
deſtine à la ſucceſſion de pluſieurs Siecles, toutes les decorations & tous les
agrémens des Maiſons de plaiſence.

L'Auteur ne ſçauroit eſtre blaſmé

en ce point ; & s'il le pouuoit estre, ce
seroit en ce que son stile sentiroit vn
peu trop l'Orateur pour vn sujet de
Philosophie. En effet il faut avoüer
que le commancement de sa Preface
semble estre celuy d'vn Sermon, &
dans le cours de son ouurage , il y a
tant d'emplifications morales , que
cela ne plairoit peut-estre pas fort à
vn Dogmatiste rigoureux qui voudroit luy demander raison de tout ce
qu'il auanse dans la chaleur de ses
Anthousiasmes , & dans les jugemens
qu'il fait d'Aristote, de Tertulien, de
Seneque , d'Auerroes, de Montagne,
& de tous les autres Auteurs dont il
parle. Ce seroit donc de ce costé-là,
qu'on auroit plutost sujet de le reprendre dans sa maniere d'écrire, que
de ce qu'il auroit mal obserué les Regles de la Grammere Françoise. Car il
s'en est assez bien acquité .

**
*

SOn titre n'est pas mal choisi , les
mots dont il est composé sont fort
significatifs. Puis que l'Auteur est persuadé que la Logique d'Aristote *dimi-*
nuë la capacité de l'esprit , &c.

Pag.
332.

C'eſt auec raiſon qu'il tâche de donner
vne Methode pour découvrir la Verité;
mais i'ay peine d'accorder la ſouſcription de ce Titre, avec ce qu'il dit à la
fin du troiſiéme Chapitre de ſon premier Livre, où il pretend expliquer
le deſſein de tout ſon Ouvrage, ſuiuant
l'avertiſſement exprès qu'il en donne
à la fin de ſa Preface. Voicy les termes
de cette ſouſcription, *Où l'on traite
de la nature de l'eſprit de l'homme, &
de l'vſage qu'il en doit faire pour éviter l'erreur dans les Sciences.* En quoy
il ſemble qu'il promette d'expliquer
la nature de l'eſprit de l'homme, afin
de faire voir l'vſage qu'il en doit faire
pour éviter l'erreur dans les ſciences:
En ſorte qu'il regarde la connoiſſance
de cette nature comme le principe des
regles qu'il doit donner pour la découuerte de la Verité. Et dans ſon troiſiéme Chapitre, il regarde cette meſme
connoiſſance comme la Fin de toutes
les regles qu'il veut ſe preſcrire, &
comme ce qui doit faire la recompen-
ſe & le ſuccés de ſa methode : C'eſt
ainſi qu'il s'exprime en cet endroit.
Nous ne nous arreſterons pas tant aux

erreurs particulieres qui sont presques infinies qu'aux causes generales de ces erreurs & aux choses que l'on croit necessaires pour la connoissance de la nature de l'esprit humain.

On peut voir aussi dans sa Preface qu'il regarde la Science de l'esprit de l'homme comme celle qui doit estre preferée à toutes les autres, & pour laquelle nous deuons principalement trauailler.

D'où il faut conclure qu'ou droit estre desia exempt des erreurs qu'il pretend éviter, pour joüir de cette Science: Cela estant, il faut que sa Methode la precede, & non pas qu'elle la suive, autrement elle seroit inutile pour découvrir la Verité dans la principale de toutes les Sciences, & peut-estre dans toutes les autres aussi par consequent.

On ne doit pas la regarder comme une simple Reveuë des erreurs que M. DESCARTES a crû éviter dans sa Philosophie ; car il paroist assez par son titre qu'il la destine à vne Fin plus generale que celle-là.

S'il ne supposoit qu'vne connois-
fance

Connoiſſance legere de l'Eſprit de l'Homme , cela ne feroit point de difficulté ; car il eſt neceſſaire de connoiſtre quelque choſe de noſtre Ame pour découvrir ſes Erreurs. Mais il ne faut pas que cette Connoiſſance s'eſtande plus loing que ce que Nous en pouvons ſçavoir naturellement avant que d'avoir philoſophé. Je veux dire, qu'il doit ſuffire pour cela, que nous connoiſſions quelques-vnes de ſes Proprietez & quelques-vnes de ſes Fonctions les plus ordinaires. Mais de pretendre connoiſtre ſa Nature , qui eſt ce que Nous pouvons à-peine obtenir par toutes les Eſtudes & par toutes les Meditations dont nous ſommes capables , & de pretendre connoiſtre cetteNature , avant que d'avoir trouvé le moyen d'éviterl'Erreur dans les Sciences , ce feroit détruire d vne façon, ce qu'on eſtabliroit d'vneautre.

Je ne crois pas non plus qu'on doive entendre ces mots , *Où l'on traite de la Nature de l'eſprit de l'Homme & de l'uſage qu'il en doit faire pour éviter l'Erreur dans les Sciences.*

B

comme si cela signifioit qu'en, mesme
tems que l'On découvrira, ces Erreurs,
On entrera aussi dans la Connoissance
de la Nature de l'Esprit de l'Homme;
Cela seroit encore sujet aux mesmes
defauts que nous venons de reprendre;
car il est toûjours necessaire que le
Moyen d'éviter l'Erreur precede la
pocession de la Science, & comme dit
fort bien Aristote, *absurdum est que-*
rere Simul Scientiam & modum Sciendi.

Pretend-il donc que l'On puisse
avoir la Science de la Nature de l'Esprit
de l'Homme, avant que l'on ait trouvé
le moyen d'éviter les Erreurs dans les
Sciences? où reconnoist-il que l'on doive avoir trouvé le Moyen d'éviter
les Erreurs dans les Sciences, pour
pretendre connoistre la Nature de
l'Esprit de l'homme? Je trouve qu'il
a parlé plus raisonnablement dans son
Chapitre que dans la Souscription de
son Titre.

Nous connoistrons mieux dans la
suite, lequel de ces deux endroits il a
le plus consideré, & si ce qu'il a exe-
cuté s'accorde mieux avec ce qu'il pro-
met dans ce Titre, qu'avec ce qu'il se

propose dans le Chapitre où il fait
estat d'expliquer son dessein.

Avant que de changer de sujet,
Nous pouvons remarquer que ce n'est
pas inutilement qu'il a mis *de la recherche de la Verité*, & non pas absolu-
ment, *La recherche de la verité.* Tellement que l'on a quelque raison de croire qu'il veut témoigner par là, qu'il ne
pretend point donner ce Livre comme vne Methode entierement achevée
pour découvrir la Verité, mais comme vn recueil de plusieurs Remarques
qu'il croit vtiles pour cette fin.

Ce qui pourrroit confirmer cette
pensée, c'est qu'il auroit dû répon-
dre à toutes les Objections des Aca-
demitiens. Il auroit dû resoudre toutes les difficultez de ces trois fameux
Dialogues de Platon, sçavoir, du
Theætetus, du Sophiste & du Parmenide, mais sur tout du Theætetus,
dans lequel il s'agit entierement de
reconnoistre s'il est possible de découvrir la Verité: Il auroit dû satis-
faire à Sextus Empiricus & à toutes
les Raisons que cet Auteur apporte
contre les Dogmatistes.

B ij

De plus , il auroit dû traiter de tous les Prejugez qui Nous engagent dans l'Erreur. Il auroit dû refuter toutes les mauvaifes Regles, & toutes les méchantes Methodes que l'Ufage a rendu trop communes, & dont quafi tous les Efprits font preoccupez, Il auroit dû encore examiner les premieres Notions , & les plus communs Axiômes qui Nous gouvernent, dans la plus-part de nos Jugemens. Enfin il auroit dû donner des Preceptes & des Regles Pofitiues pour avancer dans la Connoiffance de la Verité , &, pour Nous empécher de retomber dans les Erreurs qu'il auroit découvert.

Il eft évident qu'il n'a point fait toutes ces chofes , ou du-moins qu'il n'en a fait qu'vne partie. Car pour ce qui eft des Academiciens & de leurs Difficultez , des Pyrrhoniens & de leurs Objections , à peine en a-t'il dit feulement deux mots dans tout fon Livre. Pour ce qui eft des Prejugez de la Nature , il en a parlé plus que de toute autre chofe. Pour les defauts de l'Art & les méchantes Methodes, il en a dit au plus quelques mots en paffant. Pour les premieres Notions & les Axiomes generaux, il n'en a parlé en aucune façon, ou s'il en a dit quelque chofe. ç' a efté pour s'en fervir , & non pas pour examiner s'ils eftoient bien affurez. Pour les Regles pofiti-ves qui regardent la Poceffion , ou l'Acquifition de la Verité , il n'en a donné qu'vne feule, encore eft-ce la plus generale & la plus commune que l'on aye aportée jufqu'à prefent.

Tout cela me fait conjecturer qu'il n'a pas pretendu former vne Metho-de entiere pour la découverte de la Verité. Mais quoy qu'il ne Nous en donne qu'vne partie, il eft toûjours bon de voir fi ce qu'il Nous donne eft avantageux pour ce deffein. C'eft ce que je vais faire le plus brievement qu'il me fera poffible, de peur de Vous ennuyer ; & comme je ne fou-haite pas de diminüer l'Eftime que Vous pouvez avoir conçüe de ce Li-vre. je n'en diray que ce que je croi-ray utile pour les Entreprifes que l'on pourroit former de nouueau fur vn fi Beau Sujet.

LA premiere chofe que l'on doit
obferver , lors qu'on fait eftat
de chercher la Verité, C'eft de ne pas
fuppofer qu'on l'aye déja trouvée;
Quoy qu'on la poffede parfaitement,
il faut feindre que l'on ne la connoift
pas; & par cette diffimulation fe tromper vne fois foy mefme, pour s'exemter d'eftre jamais trompé.

Il y a cette difference entre la Verité & la plus-part des autres Biens
que Nous pouvons chercher , que
pourvû que Nous poffedions ces
Biens , Nous avons fujet d'en eftre
Contens , quand mefme Nous en
ferions redevables au Hahard , au lieu
que ce n'eft pas affez que Nous ayons
la Verité ; fi Nous ne fçavons à quel
Titre Nous la poffedons ; Par quels
Moyens, & de quelle maniere Nous
avons commancé d'en joüir. Il la faut
reconnoiftre jufques dans fa Source &
dans le premier Moment de fa Naiffan-
ce, autrement Nous ne fçaurions la
difcerner de la Vray-femblance , & la
feparer des Prejugez que la Nature
Nous fait recevoir aveuglement. C'eft

I.

*Suppo-
fition
côtrai-
re au
def-
fein de
la re-
cher-
che,
&c.*

ce qu'il semble que l'Auteur n'ait
pas assez consideré ; car dés le premier
pas qu'il fait , il s'engage dans la supposition d'vne chose dont la connoissance est le principal motif qui luy fait
chercher la Verité , & qu'il ne doit
pas decider qu'apres avoir épuisé les
plus grandes questiõs de la Philosophie

C'est ainsi qu'il commence à entrer
en Matiere, dans son premier Chapitre.
*L. Esprit ou l'Ame de l'Homme n'e-
stant point materielle ny estenduë , est
sans doute vne substance simple, indi-
visible . & sans aucune composition
des parties , &c.* Il est facile de voir
que cette supposition n'est pas indif-
ferente , puis-qu'elle regarde la Nature de l'Esprit de l'Homme , & puis-
que c'est tout ce que nous pouvons
faire d'acquerir la Connoissance de
cette Nature par toutes nos Estudes,
comme je l'ay désja remarqué , &
commeNous le reconnoistrons encore
mieux dans la suite.

Outre la connoissance de cette
Nature , la mesme Supposition enferme celle de l'Essence de la Matiere dont laDifficulté est l'Une des plus

grandes qui ont couſtume d'arreſter les Philoſophes , & ce qu'il y a de plus fâcheux , c'eſt que cette ſimple Anticipation eſt capable de ruïner toute l'Eſperence que Nous pouvons avoir de cet Ouvrage. La Verité eſt tellement delicate qu'il faut tres-peu de choſe pour la bleſſer , ſur tout lors qu'elle commenſe encore de naiſtre. Une legere Obſcurité luy fait perdre la Lumiere , & lors qu'on en pretend joüir avant le tems , on ne poſſede qu'vn Avorton.

Nous en voyons icy vn exemple, Monſieur , & il ſeroit à ſouhaiter qu'il ne fut point ſuiuy de pluſieurs autres qui ne ſont pas de moindre conſequence.

Je veus que l'Auteur n'ayant pas entrepris vne Methode entiere, puiſſe ſuppoſer qu'vne partie de ce qu'il devroit expliquer ait désja eſté aſſez eſtablie par les ſoings de Monſieur DESCARTES, ou de quelque Autre Philoſophe ; Mais il ne le doit faire qu'en des Points qui ne rendent pas inutile ce qu'il veut apporter du ſien. En vn mot , il peut ſuppoſer des Re-

gles qui feruent à la découuerte de la
Verité; encore faudroit - il qu'il mar-
quât les Endroits d'où il les auroit ti-
rées : Il peut baftir fur les Fóndemens
d'autruy quelques ruineux qu'ils puif-
fent eftre, pourvû qu'il les croye affez affeurez pour leur confier fon Ouvrage. Mais il ne doit pas fuppofer
que les Veritez pour lefquelles il tra-
vaille foient déja connuës.

Je veux encore qu'il ne fonde rien
fur cette fuppofition dans ce premier
Chapitre , mais il fe conduit par cette
idée dans tous les Jugemens qu il fait
par-aprés fur nos differentes Manieres,
de connoiftre & fur la reprefentation
de la Matiere.

Nous pouvons auffi remarquer en
paffant , que fi cette Suppofition ne
luy fert pas de Principe dans fon premier Chapitre, elle luy fert du moins
à fe jetter dans l'Obfcurité ; car il
fait eftat d'expliquer d'abord ce qu'il
advouë eftre contraire à ce qu'il fuppofe immediatement auparavant. *L'A-
me de l'Homme* , dit-il , *n'eftant pas
materielle ou eftenduë, eft fans doute
vne fubftance fimple indivifible &*

fans aucune compofition de parties ; mais cependant on a coûtume de diftin- guer en elle deux facultez que Nous allons expliquer d'abord. Mais fi c'eft à tord que l'On diftingue deux Facul- tez dans l'Ame , pourquoy fe met-t'il en devoir de les expliquer ? Pretend- il authorifer vne Erréur ? Et commant peut-il fe fonder, fur cette diftinction, comme Il le fait dans la Suite , quand il foûtient que noftre Volonté eft la caufe de toutes nos Erreurs , & que l'On s'eft trompé de croire que c'eft noftre Entendement qui les produit.

Et fi l'on à raifon de diftinguer ces Facultez , comment eft-ce que l'Ame eft fans aucune compofition de par- ties ? ou s'il eft poffible qu'elle foit fans aucune compofition de parties, & qu'elle contienne des Facultez di- ftinctes ; pour quoy faire paroiftre de l'oppofition entre ce que l'Ame eft ve- ritablement,& ce que l'Opinion com- mune femble fuppofer qu'elle foit , en y diftinguant des Facultez? c'eft la mef- me chofe que s'il difoit, *l'Ame eft fans aucune compofition de parties , mais ce- pendant je vais expliquer comme elle eft a.*

Vous voyez, Monsieur, que cette suppofition ne fert qu'à jetter d'abord dans l'Obfcurité, outre qu'elle eft contraire d'aillieurs au Succez de cette Methode.

*
* *

LA feconde chofe que l'Auteur a fuppofée, c'eft qu'il y a de deux fortes de Veritez, des *neceffaires*, & des *contingences*. Je ne fçais par quelle raifon il regarde ce qu'il dit icy comme quelquechofe d'inconteftable, & pourquoy il ne fonge pas à le prouver ; car cette Queftion eft l'vne des plus confiderables qui ait occupé les Sçavans, & fur tout les Anciens, jufques-là que les premiers Philofophes eftoient Tous excepté Parmenide, dans vn fentiment contraire à celuy qu'il fouftient en cet endroit encore Parmenide ne reconnoiffoit qu'vne feule Verité neceffaire, au lieu qu'il en fuppofe vn tres-grand nombre, Protagore a creu qu'il n'y avoit aucune Verité de la part des Chofes, bien loing d'en reconnoiftre de Neceffaires, & que l'Homme eftoit la Mefure & la Regle de tout ce qui pouvoit tomber en

II.
Sup-
pofitiō
des Ve-
ritez
necef-
faires.

queſtion ; qu'il n'y avoit que de pures Apparences & point du tout de *Realitez*, que par conſequent Nous n'a-vions point de Veritez à chercher, ny point d'Erreurs à éviter, Tout eſtant egalement vray, ou plutoſt également faux. Les Pyrrhonniens ont encore ſouſtenu qu'il n'y avoit rien de con-ſtant. ny rien de determiné verita-blement, ou que s'il y auoit quelque choſe de conſtant, Nous n'en pou-vions rien ſçavoir. Les Nouveaux de-meurent d'accord que les Individus n'ont rien d'immuable. & qu'ils ſont ſujets à de continuelles viciſſitudes. Cela eſtant, où ſont donc les Veritez neceſſaires : je ne parle point de celles qu'on reconnoiſt dans les Mathema-tiques, cela doit faire vne queſtion à part ; mais de celles qu'il ſuppoſe eſtre dans la Phyſique, dans la Me-decine, & dans la Morale, quoy que j'excepte encore celles qui regardent l'Eſſence ou l'Exiſtence de Dieu ? où les pourroit-Il donc placer, ſinon dans les Eſpeces & dans les Eſſences de ces meſmes Idividus qui ſont ſu-jets au Changement ? & ſi ces Eſſen-ces

ce & si ces Especes ne sont que des
Idées, côme On le pourroit soupçôner,
si leur Immutabilité n'est qu'en apparence , ne serions - Nous pas en suivant cette Supposition dans vne Erreur qui Nous excluroit entierement
de la Connoissance du veritable Estat
des Choses?

Mais voyons ce que l'Autheur
appelle des Veritez necessaires, car du
moins il explique ce qu'il entend par
ces mots. *J'appelle, dit-t'il, des Veritez necessaires celles qui sont immuables
par leur Nature, & parce qu'elles ont
esté arrestées par la volonté de Dieu qui
n'est point sujette au changement.*

De dire que ces Veritez sont immuables par leur Nature , ce n'est pas
d'avantage que si On disoit qu'elles
sont immuables , parce qu'elles sont
immuables; à-moins que cela ne signi-
fie , qu'elles le sont du fond de leur
Estre, sans aucun secours Externe. Mais
si ces Veritez sont de cette maniere :
comment ont - elles esté determinées
par la Volonté de Dieu, puis que Dieu
estant libre, comme l'Auteur ne le voudroit pas nier, Il pouvoit s'il eût vou-

C

lu , ne les point determiner à estre Immuables. Cela estant elles sont donc Immuables seulement par grace ; parce que Dieu la voulu , & parce qu'il les a Determinées à cet estat d'Immuabilité.

Si cela est , comment sont-Elles Immuables de leur Nature , puis qu'il estoit possible qu'Elles fussent sujettes au changement ? & s'il n'estoit pas possible qu'Elles fussent sujettes au Changement. Comment est-ce que Dieu les auroit determinées à estre Immuables ; & comment les auroit-il arrestées par vn effet de sa Volonté ?

L'Auteur s'expliquera sur ce Point, s'il le tronve bon. Mais ce n'est pas vne petite Affaire de sçavoir si Dieu peut changer les Essences des Choses , & s'il peut faire que deux Contradictoires soient veritables en mesme-tems , car comme a dit vn Illustre Theologien de nostre Siecle sur les mesmes mots que Nous examinons presentement, *Dieu est-il l'Auteur de la Verité de son Existence?* Devons-Nous dire aussi qu'il puisse former vn Triangle *Rectiligne* . dont les trois Angles valent plus que deux droits, où dont vn seul Costé soit plus grand que les deux autres en-semble ? En vn mot, s'il est possible que les Contradictoires soient vrayes & fausses en mesme-tems, que deviēdra le raisó-nement humain, & de quelle maniere faudra - t'il regarder les Conclusions de Theologie, qui Nous assurent que Dieu n'est point corporel, qu'il n'est point sujet au changement, qu'il a toû-jours esté &c. Ne pourroit-on pas dire en suivāt cette Hipothese, qu'il est pos-sible qu'il aye toûjours esté, & qu'il n'ait pas toûjours esté ; qu'il soit sujet au changemēt, & qu'il n'y soit pas sujet?

Je ne veux rien prononcer sur vne si grande Question, mais je puis assurer que l'Auteur n'a pas eu droit de le fai-re, sur-tout dans les Circonstances où il l'a fait, & sans en apporter des Preu-ves suffisantes.

Neanmois j'aperçois vne apparence de raisonnement dans ces mots. *& par la volonté de Dieu qui n'est point sujet-te au Changement.* Il semble qu'il re-garde icy l'Immutabilité de la Volonté de Dieu cōme la Cause de la Necessité de ces Veritez. Mais si cela est, il prouve trop dans l'endroit où Nous Nous plaignôs qu'il ne prouve point du tout. Car si ce que Dieu veut est Immuable parce que sa volonté n'est pas sujette au changement;il s'enfuit que tout ce qu'il veut doit auoir vne égale Immutabilité , puisque c'est la mesme Volonté qui en est la Cause. Cependant il est certain qu'il veut des choses qui font sujettes au changement lors qu'il determine les Creatures à exister ou à cesser d'estre, dans la Vicissitude des Tems : ainsi quand Dieu n'auroit arresté ces Veritez que pour quelques Siecles ; sa Volonté n'en feroit pas moins Immuable, non plus qu'elle ne l'est pas moins lors qu'elle produit tous les jours les changemens admirables qui font la Beauté de l'Univers.

Mais, dira l'Auteur , Dieu veut que ces Veritez foient Immuables pour toûjours. Comment le pourroit-Il sçavoir, en auroit-il eu quelque Revelation particuliere? Il parle pourtant icy comme s'il en estoit bien assuré.

Peut-estre qu'Il se fonde sur ce que, si ces Veritez Nous paroissoient Immuables, quoy qu'elles fussent sujettes au Changement. Nous serions trompez

lors que Nous pretendrions avoir de
la Science ; mais fi Cela eftoit, On n'en
pourroit rien conclure, fimon que les
premiers Philofophes , les Academiciens , & les Pyrrhonniens , auroient
mieux philofophé que les Peripateti-
ciens, les Cartefiens, & les autres Dog-
matiftes ? & ie ne crois pas que l'Auteur voulût eftablir fa Phifohie fur vn
pareil Sophifme : *s'il n'y avoit des Veritez neceffaires, Nous ne pourrions avoir
de Sience, donc il y en a.*

Mais quand nous pourrions fuppofer qu'il y a des Veritez neceffaires dans
la Phyfique, dans la Medecine &c. Et
quand Nous pourrions Nous determiner ainfi fur cette Qneftion, fans Nous
exclure entierement de la connoiffance
de la Verité.

Quand ces Veritez feroient neceffaires par leur Nature . & que leur Immuabilité , par quelque nouveau My-
ftere feroit encore l'Effet d'vne libre
determination de la Volonté de Dieu.

Quand la Neceffité de ces Veritez
viendroit de ce que cette Volonté n'eft
point fujette au Changement , quoy
qu'elle foit auffi la caufe de tous les

Changemés qui arrivét dans l'Univers.

Quand il seroit asseuré d'ailleurs, que Dieu auroit resolu de conserver ces Veritez dans vne entiere Immuabilité.

Il faudroit encore supposer pour entrer dans son Sentiment, & la Science de l'Existence de Dieu, & celle de sa Volonté, celle de sa Liberté, & celle de sa Puissence. Ce qui m'oblige à faire quelques reflections sur ce qu'Il a emprunté de la Foy pour joindre à ses Raisons Philosophiques, & c'est ce que Nous pouvons regarder comme sa troisiéme Supposition.

.

III. Suppositiő Des Veritez de la Foy

IL faut distinguer les Mysteres de la Foy des Choses de la Nature, C'est ainsi que l'Auteur parle fort judicieusement, & qu'il conclut de mesme par ces mots qui pourroient servir de Proverbe. *Pour estre fidelle il faut croire aveuglement, mais pour estre Philosophe, il faut voir évidemment.*

Pag. 24.

Cependant ie m'estonne qu'Il n'observe point dans son Livre la Resolution qu'Il forme de ne point meller ce qui concerne la Religion avec les Decisions de la Philosophie. Car il est trop appa-

rent que la moitié de son Ouvrage ne
font qae des Reflections sur le Peché
Originel , sur la Bonté de Dieu , sur les
Mœurs deprauées & les mauvaises Inclinations que la Morale Chreftiene
doit corriger. Je ne blasme point sa
Pieté en cela , & Je ne crois pas que ce
soit vne chose indigne d'vn Chreftien
de travailler sur ces Sujets. Mais cela
devoit eftre reservé pour des Sermons.

Ou bien s'il avoit deffein de prendre
icy l'Occasion d'infinüer ces Morali-
tez , eftant persuadé que le vray Moyen
de toucher fortement le Cœur , c'eft de
le faire, lors que l'On découvre à l'E-
fprit des Veritez qui luy font importantes , Il pouvoit fatisfaire à ce Defir
loüable , mais Il devoit former pour
cela des Chapitres particuliers , qui eft
auffi ce qu'il a fait en quelques endroits.
Mais encore vne fois , Il faut peu de
chose pour troubler les Lumieres que
Nous cômançons à receuoir dans la Recherche de la Verité. Nous ne fçaurions
fatisfaire en mefme-tems à la Raifon &
à la Foy , parce que la Raifon Nous
oblige d'ouvrir les Yeux , & la Foy
Nous commande de les fermer. Et ce-

pendant je trouve qu'Il a tellement attaché ses principales propositions avec
ce que la Religion veut que Nous croy-
ons, qu'il semble plutost parler en
Theologien qu'en Philosophe, Par
exemple entr'autr'autre chose, Il conclut que *Si nostre volonté n'estoit pas libre, & si elle se portoit à tout ce qui a
des apparences de Verité, elle se tromperoit presque toûjours, d'où il semble
qu'on pourroit conclure que son Auteur
seroit aussi l'Auteur de ses égaremens
&c. Et ensuite, la Liberté Nous est
donc donnée de Dieu, afin que Nous
nous empeschions de tomber dans l'Erreur &c.* Il est visible que ce raisonnement n'est fondé que sur ce que l'Auteur pretend que Dieu ne veut pas
Nous tromper.

Mais ne peut-on pas douter, si Dieu
ne Nous a pas fait seulement pour joüir
de la vray-semblance, & s'il a resolu
de se conseruer à luy seul la connoissance de la Verité, ou mesme s'il a dessein
de Nous en faire part seulement dans le
Ciel. D'où il ne faut pas conclure qu'il
seroit vn Trompeur s'Il ne Nous avoit
donné aucun moyen de la découvrir. Je

laiſſe à penſer , Monſieur , ce que di-
roient des Phyrrhonniens , ſi on leur
propoſoit ce raiſonnnement. Il y en a
encore beaucoup de ſemblables dans le
cours de cét Ouvrage , ſur tout dans la
derniere partie , dont preſque tous les
Chapitres contiennent des Raiſons qui
embraſſent les queſtions de la Theologie.

Soit donc qu'il conſidere toutes ces
Suppoſitions comme des Articles de
Foy , ſoit qu'il les regarde comme des
Veritez que la Philoſophie , Nous peut
demontrer , Il devoit toûjours les ſepa-
rer des fondemens de cet Ouvrage.

S'il les conſidere , comme des Articles de Foy , il eſt aſſez perſuadé qu'elles
ſont obcures ; Et s'Il les regarde comme des Concluſions de la Science Humaine , il faut que ſa Methode les precede , & non pas qu'elle s'en ſerve comme de Principes ſur leſquels elle ſe doive apuyer.

*
* *

LA quatrieſme Suppoſition concerne les differentes Manieres
dont Nous pouvons Connoiſtre.

L'Autheur en propoſe trois, les Sens,

IV.
Sup-
poſitiõ
De

l'Imagination & l'Entendement pur.
Pour ce qui est des deux premieres , Il
les peut supposer , parce qu'il n'est pas
necessaire d'estre Philosophe, pour sçavoir que Nous avons des Sens & que
Nous sommes capables d'Imaginer.
Mais pour la Connoissence de l'Entendement pur, C'est ce que la seule Philosophie Nous peut apprendre, & c'est
ce que Nous ne sçaurions sçavoir, sans
avoir acquis la Science de la Nature de
nostre Ame , & sans avoir d'écouvert
par, là ce qu'elle peut , ou qu'elle ne
peut pas faire sans les Organes de nostre Corps.

Mais quand on est encore occupé à
chercher le moyen de découvrir la Verité , il est trop apparent qu'on n'a pas
droit de prononcer sur ce point.

Premierement , il est impossible de
s'assurer par experience que nostre
Ame ne se forme point de Trasses dans
nostre Cerveau, lors qu'elle exerce les
Operations que l'on prend icy pour de
simples Intellections, car Nous avons
toûjours sujet de douter, si celles qu'elle pourroit avoir formées, ne seroient
pas trop foibles pour Nous conserver

la memoire de ces Operations , ainſi quoy-que Nous ne nous ſouvenions pas de pluſieurs ſonges que Nous avons eus en dormant, Nous ne devons pas aſſurer que noſtre Imagination n'en aye compoſé la meillieure partie. Et cela , parce que , comme je le Viens de dire , il ſe peut faire que les Traſſes qui ſont imprimées dans Noſtre Cerveau ſoient ſi foibles , qu'elles ne puiſſent quaſi ſubſiſter que dans le moment qu'elles ſont produites ; de meſme que les Figures des flots que les Vents excitent ſur la Mer , & qu'ils changent & détruiſent en vn inſtant.

En ſecond lieu , On a des raiſons pour ſe perſuader que dans les plus ſimples Intellections , l'Ame ſe forme des Traſſes , des Figures & des Mouvemens dans les Organes du Cerveau qui ſont deſtinés à l'Imagination.

Car l'Experience Nous aprend que ces Organes ne ſont pas moins fatiguez par les ſimples Intellections , qu'ils le peuvent eſtre par les imaginations.

De plus il eſt évident que ſi ces Operations ne laiſſoient point de Traſſes dans le Cerveau, On ne ſe ſouviendroit point du tout de les avoir exercées., au lieu que l'On se souvient fort bien de la conception que l'on peut avoir eüe d'vne Figure de mille costez , & de celle qu'on peut avoir formée de la Nature des Esprits.

L'Auteur suppose cette Verité, dans l'endroit où il parle du defaut de Memoire qui arrive dans les Syncopes & dans les Evanoüissemens où l'on tombe quelque-fois *Alors* , dit-il *, l'Ame n'ayant que des pensées de pure intellection qui ne laissent point de Trasses dans le Cerveau, On ne s'en souvient point , apres que l'on est revenu.* En quoy il avoüe que les Trasses du Cerveau sont necessaires pour la Memoire. Et que les pansées de pure Intellectió ne laissét point de Trasses dans le Cerveau

D'où il s'ensuit infailliblement que l'On ne pourroit se souvenir des pensées de pure Intellection, parce qu'elles ne laissent point de Trasses dans le Cerveau, comme il le soustient au troisiéme Chapitre de son premier Livre, où il dit en parlant de l'Ame. *Elle apperçoit par l'Entendement pur les choses Spirituelles , les Vniverselles, les Notions communes,*

munes , l'idèe de la perfection , celle d'vn
eſtre infiniment parfait , & toutes ſes
penſées , comme ſes inclinations natu-
relles , ſes paſſions & ſes perceptions,
elle apperçoit meſme par l'Entendement
pur les choſes materielles, l'eſtenduë auec
ſes proprietez, Car il n'y a que l'entende-
ment pur qui puiſſe appercevoir vn cer-
cle, & vn quarré parfait , vne Figure de
mille coſtez ; & choſes ſemblables. Ces
ſortes de perceptions s'appelleut pure In-
tellectious , ou pures Perceptions , parce
que l'Eſprit ne ſe forme point d'Images
corporelles dans le Cerveau , pour ſe re-
preſenter toutes ces choſes.

Pag.
27.

D'où l'on peut conclure que Nous
ne ſçaurions avoir aucun ſouvenir de
tous ces ſujets ; & cela, c'eſt declarer
juſtement que Nous n'en ſçaurions a-
voir de Sciences. Car nous ne pourrions, ſi cela eſtoit, Nous ſouvenir des
Penſées que Nous aurions euës, & des
Reflections que Nous aurions faites ſur
les Eſprits , ſur les choſes Vniverſelles,
ſur les Notions generales , ſur l'Eſtre
de Dieu, ſur la Matiere meſme , ſur
l'Eſtenduë & ſur ſes Proprietez : car il
n'y a que l'Entendement pur ſuiuant

ce Syſteme, qui puiſſe apercevoir des Eſprits, vn Cercle, vn Quarre parfait: vne Figure de mille Coſtez &c.

Comment Nous ſeroit-il poſſible de former des Meditations ſur toutes ces choſes, d'en conſeruer des Notions, d'en établir des Principes, d'en faire naiſtre des Queſtions, d'en diſputer. enfin d'en auoir quelque idee fixe qui pût eſtre examinée ?

Mais bien-plus, ſi ce qu'il ſuppoſe eſtoit Veritable, on ne pouroit pas meſme parler de tout ce qu'il regarde comme les Objets de la ſeule Intellection.

Pag. Car, *comme l'Eſprit ne ſe forme point*
27. *d'Images dans le Cerveau, pour ſe re-preſenter toutes ces choſes*, Il ne reſte aucuns veſtiges uy aucunes Traſſes de toutes les penſées qu'il en peut avoir euës. D'où il s'enſuit que comme les mots ne ſignifient que par l'Inſtitution des Hommes, n'ayant point d'Images fixes & arreſtées, on ne ſçauroit leur joindre ces Mots, & encore moins accoûtumer les hommes à conceuoir toûjours la meſme choſe par la ſeule pro-nonciation de certaines parolles qui ſont indifferentes d'elles-meſmes à

toutes fortes de fignifications.

On ne peut pas dire que ce qui Nous feroit refouvenir de nos Idées de Pure Intellection, feroit que Nous les entremellerions d'Imaginations, car cela ne ferviroit de rien à ces Idées; & comme Nous ne nous fouvenons que des chofes dont il refte des Traffes dans noftre Cerueau, & que lors que ces Traffes font effacées, c'eft le mefme pour Nous, que fi Nous n'avions jamais connus ces Objets; il s'enfuit évidemment que Nous ne Nous refouviendrions que de ces feules Imaginations, fans que Nous puffions difcerner fi Nous aurions eü aucune Intellection fur quoy que ce foit.

On ne doit pas dire non-plus que ce qui Nous feroit refouvenir de nos Intellections: feroit que Nous reprefenterions auffi leurs Objets par l'Imagination : en forte que cela fervift à fixer ces idées. Car au-plus cela n'auroit lieu qu'à l'égard des chofes que Nous pouvons Imaginer, & cela ne ferviroit de rien pour celles que Nous ne fçaurions Nous reprefenter que par la pure Intellection, comme pour les Efprits, pour

les Univerſels, & pour quantité d'autres Objets que l'Auteur attribüe à la
ſeulle Intellection.

D'où Nous ne ſçaurions Nous em-
pêcher de conclure que l'Auteur s'eſt
oublié de la Memoire en cette occaſion.

Vous voyez, Monſieur, que cela va
plus loing qu'on ne croyroit, & que ſi
on vouloit pouſſer d'avantage ce ſentiment, on y trouveroit peut-eſtre encore bien des obſcuritez pour ne pas dire, bien des contradictions. Car il faudroit examiner de quelle façon l'Ame
ſe peut former ces Intellections, de
quelle façon elle peut ſe produire de
nouvelles Penſées, c'eſt à dire, comment elle peut ſe changer Elle - meſme,
& ſe former de nouvelles façons-d'eſtre.
D'ailleurs il faudroit rechercher comment elle ſe peut former des Images
dans le Cerveau, lors qu'elle veut Imaginer les meſmes choſes qu'elle a conceu. Car *l'Imagination ne conſiſte*, à ce
que dit l'Auteur, *que dans la force qu'à
l'Ame à ſe former des Images des choſes
en les imprimant pour ainſi dire dans les
Fibres du Cerveau.* Quoy qu'il témoi-
gne dàns vn autre endroit que L'Ame

n'eſt pas la veritable cauſe de ces Images. *Il eſt vray que quand Nous conce-* Pag.
vons vn Quarré, par exemple, par la 355.
pure Intellection. Nous pouvons encore
l'imaginer, c'eſt a dire, *l'apercevoir*
en Nous en Traſſant vne Image dans le
Cerveau, Mais il faut remarquer
premierement que Nous ne ſommes point
la veritable ny la principale cauſe de
cette Image. Mais il ſeroit trop long de
l'expliquer. Enſuitte il repreſente aſſez
agreablement cette action de l'Ame
comme celle d'vn Peintre qui feroit vn
Portrait & qui regarderoit de tems - en-
tems à ſon Original.

Vous voyez encore vne fois , Monſieur, que cela eſt trop remply d'Obſcuritez, & je crois que vous jugez bien
auſſi que cette Suppoſition eſt une ſuit-
te de la premiere.

Parce que l'Auteur a ſouſtenu d'a-
bord que l'Ame n'eſtoit point eſtenduë,
il ſouſtient apres qu'elle ne ſçauroit
eſtre Imaginée non-plus que les Eſpris.
qui ſont d'vne ſemblable Nature ; &
parce que cela luy paroiſt ſuffire pour
conſtituer vne Maniere particuliere de
connoiſtre, ſçavoir la pure Intellection

il y fait entrer auſſi les Figures de mille
coſtez, & les Quarrez parfaits &c.

Mais il faudroit ſeulement le prier
qu'il ſe ſouvînt de la Regle qu'il s'eſt
propoſée dans le diſcernement de la Verité & de la Vray-ſemblance.

***

LA cinquieſme Suppoſition eſt que
Nous avons de deux ſortes d'Idées,
des Idées qui Nous repreſentent ce
qui eſt hors de Nous, & d'autres qui ne
Nous repreſentent que ce qui eſt en
Nous.

Il ſemble que cela puiſſe eſtre librement ſuppoſé, & beaucoup de perſonnes ragarderoient cette propoſition
comme inconteſtab'e, neanmoins elle
contient ce qu'il y a de plus difficile à
reſoudre dans la Science des Idées.

Car comme l'Auteur le reconnoiſt
auec Raiſon, toutes nos Idées ne ſont
que des façons-d'eſtres de noſtre Ame.
Nous ne connoiſſons Immediatement
& Veritablement que ces Idées, comme il le remarque encore fort judicieu-
ſement, lors qu'il entend par ce mot
*Idée, ce que l'Eſprit aperçoit immedia-
tement.* D'où l'on doit conclure qu'il

V.

*Suppo-
ſition
des
Idées
qui re-
pre-
ſentét
ce qui
eſt hors
de
Nous.*

*Pag.
4.*

n'eſt pas ſi facile qu'on ſe le pourroit imaginer de reconnoiſtre quelles ſont les façons d'eſtre de noſtre Ame qui repreſentent la matiere & les choſes qui ſont hors de Nous, & quelles ſont Celles qui repreſentent ſeulement Ce qui eſt en Nous, Car ces deux Sortes d'Idées Nous appartiennent également, & ce ne ſont à-proprement parler, que Noſtre Ame diſpoſée d'vne telle, ou d'vne telle maniere.

Mais c'eſt toûjours noſtre Ame, & comme c'eſt vn eſtre ſuiuant la premiere Suppoſition, qui n'a rien du tout en luy qui ſoit *ſemblable* à la Matiere & aux Eſtres eſtendus ; il eſt difficile de concevoir qu'elle ſe puiſſe repreſenter autrechoſe que ſes propres Idées.

L'Auteur a fort bien remarqué que nos Sens ne Nous font pas connoiſtre les Choſes qui ſont hors de Nous.

Parce que ces objets n'ont rien en Eux, qui ſoit *ſemblable* à ce qu'ils produiſent en Nous; car la Matiere ne ſçauroit auoir de Façons-d'eſtre qui ſoient *ſemblables* à celles dont l'Ame eſt capable,

Mais la meſme Raiſon conclut que

Nous ne devons pas non plus juger des
Objets qui font hors de Nous, par les
Idées que Nous en pouvons avoir par
l Imagination ou par la pure Intellection.

Car fi la Matiere n'eft pas capable
d'avoir des Façons d'eftre *femblables* à
Celles de l'Ame, il faut auffi reconnoi-
itre que l'Ame n'en fçauroit avoir de
femblables à Celles qui peuvent eftre
dans la Matiere.

On dira que l'Ame eftant d'vne façon reprefente la Matiere, & qu'eftant
d'vne autre, elle ne la reprefente pas.
Mais cela ne peut eftre fouftenu dans le
Syfteme que Nous examinons, dans lequel On fuppofe que l'Ame n'eft pas
capable d'avoir aucune modification
qui foient *femblable* aux façons - d'eftre
de la Matiere. D'où il s'enfuit évidemment, On que toutes nos Idées Nous
reprefentent les Objets materiels, ou
que Nous n'en avons aucune qui foit
capable de Nous les reprefenter. Et cela ruine également toutes les preten-
tions de cet Ouvrage.

Mais voyons, s'il vous plaift, Monfieur, en laquelle des Manieres de con-

noiſtre dont Nous avons parlé : L'Auteur raporte les Idées qui repreſentent les Choſes qui ſont hors de Nous.

Il ne veut pas qu'elles Nous viennent par les Sens , & ce qu'il dit la deſſus n'eſt pas tout-a-fait deraiſonnable. Car effectivement nos Sens ne Nous font connoiſtre que ce que les Objets produiſent en Nous, & non pas ce qu'ils ſont en Eux meſmes.

Il ptetend donc que Nous pouvons connoiſtre les Objets materiels par l'Imagination & par la pure Intellection.

Mais déja on peut conclure contre cette penſée , que l'Imagination n'eſt pas capable de Nous repreſenter les Objets qui ſont hors de Nous. En voicy la Raiſon , c'eſt que l'Imagination n'eſt compoſée que des Idées que Nous avons reçües ou que Nous pourrions recevoir par les Sens. Et ces Idées , comme l'Auteur le reconnoiſt , ne Nous repreſentent que les effets, que les Objets exterieurs produiſent en Nous & non pas ce qu'ils ſont en eux-méme , d'où il s'enſuit que comme il ne veut pas que les Idées que Nous avons par les Sens repreſentent ces Objets , il faut qu'il

avoüeauſſi que lesIdées queNous avons
par l'Imagination ne Nous ſçauroient
repreſenter autre choſejque nos propres
façons-d'eſtre.

D'ailleurs il eſt évident que l'Imagination ne contient que des Idées que
Nous pouvons recevoir par les Sens.
c'eſt auſſi ce qu'il reconnoiſt lors qu'Il
ne diſtingue ces Idées de celles des Sens
qu'en cequ'elles ne ſont pas ſi fortes ny
ſi vives.

Il ne reſte plus que la pure Intellection à laquelle il puiſſe raporter ces
Idées *repreſentatives*. C'eſt auſſi ſur
cette Maniere-de-connoiſtre qu'il ſe
fonde d'avantage pour la découverte des
Objetsexterieurs, Comme on le peut
voir dans ſon troiſiéme Livre, dans lequel il ſouſtient que Nous voyons toutes Choſes en Dieu. Mais outre que
c'eſt vne hypotefe que Nous ne tou-
chons pas preſentement, il faut conſiderer qu'il ſe fonde ſur la Suppoſition
qu'il fait icy que Nous connoiſſons les
choſes qui ſont hors de Nous, parce
qu'il raporte toutes les façons ſelon leſquelles il croit que Nous ſommes capables de connoiſtre ces Obiets. Et

apres qu'il les a toutes refutées, excepté
la sienne ; Il conclut qu'il n'y a que celle-là qui soit la plus receuable, en quoy
il est clair, que s'il ne supofoit pas que
Nous sommes capables de connoistre
les Choses qui sont hors de Nous , son
raisonnement n'auroit point d'effet.

Cependant c'est vn deffaut dans lequel il n'est pas tombé le premier. Il y
a-tres-peu d'Auteurs de tous Ceux qui
ont écrit avant luy , qui n'ayent sup-
posé la même chose.

. Mais ils n'ont pas eu plus de raison
d'en vser de la maniere qu'vn Aveugle
en pourroit auoir , S'il formoit ce
raisonnement. *Ie ne vois pas la lumiere estant debout , Ie ne la vois
pas estant assis, Ie ne la vois pas lors que
ie me tourne à droite , Ie la vois pas
non-plus, lors que ie me tourne à gauche;
donc ie la verray estant courbé.* Il n'y a
personne qui ne iugeast que ce Raisonnement n'est pas fort decisif. quoy que
son defaut consiste dans vne simple supposition qu'vn Aveugle ne feroit peut-
être pas si facilemét, parce qu'il est asfuré
qu'il ne Sçauroit ioüir de la Lumiere.
Au-lieu que Nous ne sommes pas assu-

rez Nous Autres si Nous pouvons, ou si
Nous ne pouvons pas , ioüir de la Verité.

.

LA sixiéme supposition n'est pas de
de moindre consequence que les
precedentes. Quoy qu'elle ne paroisse
pas si évidemment , elle ne laisse pas de
conduire la meilleure partie du Livre
dont Nous parlons , qui seroit assure-
ment bien different de ce qu'il est , si on
tâchoit d'y reconnoistre le contraire de
ce qui fait l'Obiet de cette Supposition.
ou si on tâchoit seulement d'examiner
ce qu'on en doit recevoir.

e parle de la *Ressemblance* de nos Idées
á l'égard de ce qu'elles representent, &
ie me pleins de ce que l'Auteur suppose
qu il n'est pas necessaire qu'elles soient
semblables aux Obiets pour les representer.

Premierement cela est vne suite de sa
premiere Supposition , parce qu'il veut
que l'Ame n'ait rien en elle , qui puisse
estre semblable aux Façons - d'estre de
la Matiere & c est encore vne suite de
la Supposition precedente , par laquelle
il veut que nos Idées nous representen

le

VI.
Suppo-
sition.
Des
Idées
qui re-
presen-
teut
sans
estre
sembl.
bles,

les Objets qui font hors de Nous.

En fecond lieu, cela détruit ce qu'il a avancé de l'Erreur de nos Sens ; car s'il eft poffible que des Idées qui ne font point du-tout *femblables* à de certains Objets, Nous les reprefentent, il n'y aura aucune raifon pour s'affurer que les façons-d'eftres que Nous recevons par les Sens ne Nous reprefentent pas les Objets qui Nous les caufent quelques *diffemblables* qu'ils puiffent-eftre.

Où nos Idées peuvent *reprefenter*, fans eftre *femblables*, ou non.

Si elles peuvent *reprefenter* fans eftre *femblables* , non-feulement toutes les Idées que Nous avons , foit en vfant de nos fens , foit en Imaginant , ou de quelque autre maniere que ce foit , ont autant de droit de *reprefenter*, les Unes que les Autres ; mais toutes nos Idées quelles qu'elles foient, pourroient reprefenter vn feul & même Objet, ce que l'on né fçauroit foûtenir.

S'il eft neceffaire que nos Idées foient *femblables* pour *reprefenter* , ou il en faut conclure, qu'on ne fçauroit avoir de Science, ou bien que les Notions de l'Ame & de la Matiere fur lefquelles l'Auteur se fonde , sont entierement contraires à ce qui en est veritablement.

Je laise à dénoüer ce nœud a qui voudra entreprendre de le faire.

L'Auteur se fonde sur ce que Mr DESCARTES a resolu touchant cette question , mais je m'estonne que Mr DESCARTES qui aimoit assez la Meditation , ait si peu medité sur ce sujet , qui est l'vn de ceux qui interressent davantage la connoissance de la Verité.

Peut - estre qu'il n'a pas voulu aprofondir cette Question , de-peur d'estre obligé d'abbandonner la Notion qu'il apportoit de la Matiere sur laquelle il avoit establi tout son Systeme de Physique ; quoy qu'il en soit , il est facile de reconnoistre la Verité que je souftiens presentement.

On n'entend autre chose par *representer*, si-non rendre vne chose *presente*, ou faire le méme effet que si elle agissoit actuellement, ou du-moins en faire vn *semblable*, autrement on ne sçait ce qu'on veut dire par ce mot.

Et Mr Descartes & l'Auteur de ce Livres soûtiennent que nos Idées Nous representent les Objets qui sont hors de Nous, surquoy il y a deux Choses à dire.

La premiere, que ſi nos Idées Nous repreſentent ces Choſes, il faut qu'elles faſſent le meſme effet ſur Nous que ces choſes feroient ſi elles eſtoient preſentes, en Nous faiſant connoiſtre ce qu'elles ſont en elles, mêmes, & non-pas les façõs-d'eſtre que ces mémes Choſes exciteroient en Nous , ſi elles agiſ-ſoient par nos Sens, Car comme ces façonsd-'eſtre Ne leur ſont point *ſem-blables*, ſuivant l'aveu de ces Philoſo-phes, ces Idées ne les repreſenteroient pas, mais ſeulement elles repreſente-roient leurs Effets. De-ſorte qu'il faut pour les repreſenter telles qu'elles ſont en elles-meſmes , que nos Idées Nous diſpoſent juſtement comme ſi ces Cho-ſes eſtoient actuellement en Nous , & Nous eſtoient preſentes *immediate-ment*: Et pour cela, il eſt neceſſaire que nos Idées faſſent vn effet dans noſtre Ame, qui ſoit pour-le-moins *ſemblable* à celuy que ces Choſes y feroient, ſi elles y eſtoient actuellement. Ce qu'elles ne ſçauroient faire à - moins qu'elles ne leur ſoient *ſemblables*; autrement loing de Nous cauſer des Façons - d'eſtre telles que Nous en aurions, s'il eſtoit poſſible que ces Choſes Nous fuſſent immediatement preſentes; il eſt évident que celles qu'elles Nous cauſeroient, en ſeroient entierement differentes. D'où il s'enſuit qu'elles ne les repreſenteroient pas.

La ſeconde Choſe que l'on peut remarquer eſt que non-ſeulement ces Phiſoſophes reconnoiſſent cette Verité, ſans y prendre garde, lors qu'ils ſouſtiennent que nos Sens ne Nous repreſentent pas les Objets qui ſont hors de Nous, parce que les Façons-d'eſtre qu'ils Nous cauſent ne ſont point *ſemblables* à ces Objets, En quoy ils ſuppoſent que la Similitude eſt neceſſaire pour la repreſentation; Ils avoüent encore que Nous ayons des Idées qui ſont *ſemblables* aux Objets exterieurs: Mais ils attribuent ces Idées à l'Imagination. En-quoy ils pretendent que ce qu'elles ont doit eſtre rapporté aux Organes du Cerveau.

Cependant il faut conſiderer que ce que Nous connoiſſons en imaginant, n'eſt pas ce qui eſt dans les Organes de Noſtre Cerveau; mais ce qui eſt veritablement dans Noſtre Ame: comme l'Auteur le reconnoiſt encore lors qu'il dit que *l'Image que le Soleil imprime dans Noſtre Cerveau ne reſemble point à l'Idée que l'Ame en à, comme on le prouve aillieurs, & méme que l'Ame n'aperçoit pas les mouvemens que le Soleil produit dans le fond des yeux & dans le Cerveau.*

Pag. 361.

Mais ſi ce que Nous connoiſſons a-lors enferme de la Similitude, il faut avoüer qû'elle eſt de la part de Noſtre Ame.

Puis qu'on demeure d'accord que ce que Nous connoiſſons en *imaginant* ne ſont pas les Figures & les Images matérielles qui ſont dans Noſtre Cerveau, mais ſeulement les propres Idées deNoſtre Ame.

Et puis qu'on avoüe auſſi que ce que Nous connoiſſons en *imaginant* eſt ſemblable aux Objets que Nous Nous repreſentons.

Nous voyons que c'eſt en-vain que ces Philoſophes raportent à *l'Imagination* toutes les Idées dans leſquelles on leur fait remarquer de la reſſemblance avec les Objets qu'elles repreſentent, puiſque ces Idées ne ſeroient

E iij

pas Idées, si elles n'estoient dans la propre substance de Nostre Ame : Et puis qu'elles ne sont pas moins differentes des Images qui sont dans Nostre Cerveau, qu'elles le sont des Objets exterieurs ; en quoy il est évident qu'ils reçoivent d'vn costé, ce qu'ils condamnent d'vn autre.

Neanmoins il est juste que nous considerions les Raisons sur lesquelles ils se fondent pour soustenir leur Opinion. Et comme l'Auteur se repose entierement sur ce que Mr DESCARTES en a resolu :, Nous examinerons donc les raisons de Mr DESCARTES.

Elles consistent en ce que l'experience Nous fait voir, à ce qu'il pretend, des Choses qui *representent*, & qui ne sont point *semblables* à ce qu'elles representent. Ainsi du Liaire dit-il represente du vin que l'on vend, quoy que ce Liaire ne soit pas semblable à du vin, ny à la vente qu'on en peut faire ; ce mot *Arbre* represente vn Arbre effectif, quoy qu'il ne soit point du-tout semblable à cet Objet.

Il est vray que ce Mot n'est point semblable à vn Arbre, ny du Liaire à du Vin, Mais si ce Mot, & si ce Liaire n'excitoient en Nous vne Image qui ressemble à vn Arbre, & vne autre Image qui ressemble à du Vin, ils ne representeroient jamais ces Objets: en quoy l'on peut voir que toute cette preuve se reduit à vne Équivoque.

Ce n'est point ce Mot qui represente l'Arbre, à-proprement parler, mais c'est l'Idée que ce Mot excite en Nous qui le represente; cette Idée le represente, parce qu'elle luy est semblable, & cela est évident, car quand on prononce ce mot *Arbre*. Nous imaginons quelque chose de fort semblable, à ce que Nous voyons lors qu'vn Arbre est actuellement present devant nos yeux.

Je ne dis pas que l'Image que ce Mot excite en Nous, soit semblable à ce que l'Arbre est en luy; mais je dis qu'elle est semblable à l'effet que cet Objet produit en Nous, par nos Sens.

L'on ne pretend pas aussi que ce Mot Nous represente autre chose. Car il ne laisseroit pas d'auoir toute sa signification, quand Nous serions dans vne parfaite ignorance de ce que l'Arbre est en luy-méme, comme cela est constant,

puis que ce Mot ne Nous fait rien connoiftre d'avantage que ce que Nous
connoiffons lors que Nous voyons a-
ctuellement cet Objet.

Et quand on voudroit que ce Mot
reprefentaft ce que l'Arbre eft en luy-
méme, il eft évident qu'il ne le pourroit encore faire, fi Nous n'avions vne
Idée de ce que cét Arbre eft en luy, Car
les Mots fuppofent les Idées. D'où il
s'enfuit que ce n'eft pas ce Mot qui reprefente l'Arbre: mais c'eft l'Image, ou
l'Idée que ce Mot excite en Nous qui le
reprefente.

On peut dire la méme chofe du Liai re
& de tous les autres Signes dont les
Hommes fe fervent. Et pour éviter l'E-
quivocque, en ce rencontre ; il faut remarquer que le Mot de reprefenter fe
peut prendre en plufieurs manieres.

On peut dire qu'vn Peintre reprefente vne Montagne, mais ce n'eft
qu'en qûalité de caufe efficiente, & ce
n'eft point *immediatement*, & par luy
méme, s'il faut que ie me referve de cette diftinction; ce n'eft point en qualité de
caufe formelle, mais c'eft par le moyen
de fon Tableau qui ne reprefenteroit

jamais cet Objet s'il ne reſſembloit pas
plus à vne Montage qu'à vne Riviere;
en quoy il eſt clair, que la reſſemblance
eſt neceſſaire pour la repreſentation.

On peut dire ſi l'on veut, que les
Mots repreſentent les Idées, mais c'eſt
en qualité de Cauſes *determinatives* des
Cauſes Efficientes, en ce que comme
l'Auteur l'a fort bien remarqué, ils de-
terminent les Eſprits animaux à paſſer
en de certaines Fibres de Noſtre Cerveau qui ſont propres pour diſpoſer
Noſtre Ame de la méme maniere qu'elle le ſeroit par les Objets exterieurs.
Cela vient de la Liaiſon que les Traſſes
de noſtre Cerveau ont entr'elles; en ſorte que, lors que les vnes ſont en action,
par les Eſprits animaux, les Autres qui
leur ſont voiſines, en ſoient auſſi agit-
tées; parce que ces Eſprits paſſans de
Fibres en Fibres, ſelon qu'ils en trou-
vent les Ouvertures, ou Libres, ou
fermées, leurs Mouvemens ſe parta-
gent & ſe diſtribuent, ſuivant les differentes Figures & les differentes diſpo-
ſitions de ces Organes. Ainſi on peut
concevoir que le Mouvement que la
prononciation d'vn Mot exite dans nô-

treCerveau, donne lieu à d'autres Mouvemens, quoy que differents de ce premier. Et quand cela ne pourroit estre
conceu, cela ne feroit rien à cette question, Car il est toûjours évident que les
Mots ne representent point les Idées
immediatement, ou si l'on veut, en qualité de *causes formelles*; & si cela estoit,
ils ne feroient pas indifferents à repre-
seter des Idées contraires, comme ils le
font incontestablement.

Enfin si Nous pouvions connoistre
les Objets exterieurs en eux-mêmes, &
par eux-mêmes, en-sorte qu'ils pussent
passer en substance dans Nostre Ame,
on ne trouveroit pas impossible que nos
Idées Nous les representassent, quoy
qu'elles ne leur fussent pas *semblables*;
& ce seroit seulement en nous rendant
ces Objets presens, comme les Mots
Nous rendent presentes nos Idées. Mais
il est trop assuré, & l'Auteur le soustient
aussi que Nous ne connoissons pas les
Objets exterieurs en eux-mémes; d'où
il s'ensuit de-necessité, ou que nos Idées
ne les representent pas, ou qu'elles leur
font *semblables*.

Ce seroit obscurcir cette Verité que

de la vouloir prouver d'avantage. Mais
non-seulement il est vtile de la reconnoistre ; il faut encore avoüer que si on
n'en demeure d'accord, on s'exclut entierement de la connoissance de ce que
l'on cherche. Car bien-loing que l'on
tâche d'avoir des Idées, Justes & veritables, qui comme autant de Portraits
parfaitement *semblables* à leurs Origi-
naux, mettent Nostre Ame en pocession de tout ce que les Objets ont de
plus considerable, & Nous fassent de-
venir toutes choses par nostre connoissance, suivant l'Axiôme d'Aristote,
intellectus cognoscendo fit omnia : bien
loing que l'on tâche d'éloigner tout ce
qui peut alterer de si precieuses Copies.
qui sont les Images de la Verité ; On
n'auroit aucune pensée de les recevoir
comme elles le meritent, puis qu'on
les jugeroit Impossibles, ou du-moins
Inutiles,

*
* *

LA septiéme & derniere Supposition dont ie dois parler est contenuë en ces termes qui sont au 9. Chapitre du premier Livre. *Ont peut asurer*
qu'il y a ordinairement hors de Nous de

Nous con- nois- fons par les Sens, qu'il y a de l'eften duë hors de Nous.

Pag. 76.

l'eftendüe, des Figures & des mouve- mens lors que Nous en voyons. Ces cho- fes ne font point imaginaires , elles font reelles , & Nous ne nous trompons point de croire qu'elles ont vne exiftence reelle & independente de noftre Efprit, quoy qu'il foit tres-difficile de le prouver.

Les Iugemens que Nous faifons tou- chant l'Eftenduë, les Figures , & les Mouvemens, renferment donc quelque Verité. Mais il n'en eft pas de-même de ceux que Nous faifons touchant la Lu- miere, les Couleurs &c. C'eft ainfi que l'Auteur s'exemte de prouver vne cho- fe qui eft l'vne des plus importantes de celles que Nous devons reconnoiftre pour la decouverte de la Verité: Sçavoir, Ce qui eft de la part des Obiets. Il pre- tend que ce font des Figures, de l'Eften- düe, & des Mouvemens, Il avoüe que cela eft difficile à pouver & il n'entre- prend pas de le faire. Cela eftant, le crairons-nous fur fa parole? Non , car Il nous le deffend dans fa Preface , & pour dire vray , on feroit bien aife d'a- voir de l'évidence fur vne fi grande Queftion.

Si Nous confultons Mr DESCARTES, Nous

Nous trouverons qu'il s'engage auſſi dans cette Suppoſition du-moins en partie : car il regarde ce ſentiment comme vne conſequence de ce qu'il a premierement avanſé.

Sçavoir , que Nous avons des Idées de deux ſortes d'Eſtres, de la Penſée & de l'Eſtendüe , qui ſont ſi differents qu'ils n'ont rien du tout de commun entr'eux. De là il conclud que comme Nous ſommes tres-perſuadez, à ce qu'il pretend, que la Penſée Nous appartient, & que c'eſt ce que Nous reconnoiſſons de *premier*, en Nous : comme dans l'Idée que Nous avons de la Penſée, Nous n'enfermons point celle de l'eſtendüe, ny quoy que ce ſoit qui la ſuppoſe , Nous devõs juger que l'Eſtendüe eſt quelque choſe qui Nous eſt étranger , & que Nous pouvons prendre pour la Matiere.

Mais quand toutes les parties de ce Raiſonnemét ne ſeroient pas douteuſes :

Quand il ſeroit évidét que dans l'Idée que Nous avons de la Panſée, Nous n'enfermerions aucune choſe qui pût appartenir à l'Eſtendüe , comme des Mouvemens , des Efforts , des Figures &c.

Quand il ne feroit pas poſſible qu'vn même ſujet fût capable de Penſée & d'Eſtendüe, du-moins en differéts tems.

Quand on ne pourroit douter ſi ces deux Idées quelles quelles Nous puiſſent paroiſtre, ne ſont pas touſiours des Modifications de Noſtre Ame, auſquelles il n'y a rien de *ſemblable* hors de Nous. Et quand ce raiſonnement enfin Nous paroiſtroit fort conclüant. Il faudroit encore reſoudre vne Objection qui luy eſt conrraire, & que l'Auteur ſemble avoir prevüe, quoy qu'il n'y ait point ſatisfait du-tout, non plus que ce Philoſophe, ny tous Ceux qui ont ſuiuis ſes principes.

Cependant, Monſieur, je crois que je ne dois pas omettre icy la reſponſe que Monſieur Rohault m'a faite ſur le même ſujet il y a ſept ans. Vous ſçavez qu'il avoit à-cœur de raiſonner conſequament, & que comme Il poſſedoit parfaitement toutes les matieres dont il a traitté, il les expliquoit auſſi auec beaucoup d'ordre, & avec vne certaine netteté accompagnée d'vne éloquence naturelle que l'on reconnoiſſoit plutoſt dans l'effet que dans la difpofition des termes dont il avoit coûtume de fe fervir. Comme il foûtenoit fuivant la penfée de Monfieur DESCARTES, qui eft celle que Nous examinons prefentement, que nos Senfations n'eftoient à-proprement parler. que des Paffions & de fimples Changemens que les Objets produifoient en Nous, ce qu'il exprimoit par cet Axiome d'Ariftote *fentire eft quoddam pati.* Cela eftant, luy dis-je, tout ce que Nous connoiffons donc par les Sens ne font que des Façons - d'eftre de Noftre Ame? qui Nous appartiennent entierement, aufquelles il n'y a rien du tout de *femblable* dans les Objets materiels? Or eft-il que Nous connoiffons de l'Eftendüe par les Sens, donc il faudra conclure que l'Eftendüe eft vne Façon- d'eftre de Noftre Ame, à laquelle il n'y a rien de *femblable* dans les Objets materiels?

D'abord il me répondit que Nous ne connoiffions pas l'Eftendüe par les Sens, & je vous avoüe que cette réponfe me furprit. Car il eft auffi évident que Nous connoiffons l'Eftendüe par les Sens, que la Lumiere, & les

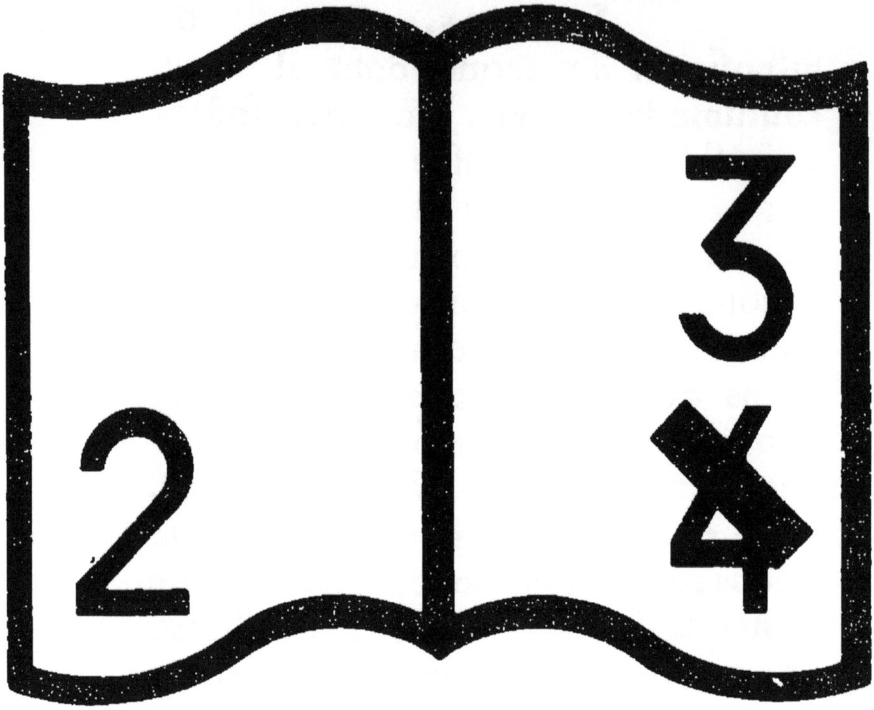

Pagination incorrecte — date incorrecte

NF Z 43-120-12

Couleurs. Lors que je vois vn Quarré rouge , par exemple , j'en aperçois en méme tems, & la Figure & Couleur, & l'Eſtendüe , puiſque je juge de ſa grandeur ! juſques-là que Nous connoiſſons l'Eſtendüe doublemét par les Sens, car Nous la connoiſſons par la vüe & par le touſcher , au lieu que Nous ne connoiſſons les Couleurs que par les yeux ſeulement.

Auſſi l'Auteur demeure d'accord de bonne foy , que Nous connoiſſons de l'Eſtendüe par les Sens, auſſi bien que de la Lumiere , de la Chaleur & de la Couleur ; & méme la plus grande partie des Exemples qu'il aporte pour faire connoiſtre les Erreurs de nôs Sens ſont tirés de la grandeur des Objets, de leurs Mouvemens , de leur Diſtence &c. Ce qui ſuppoſe neceſſairement de l'Eſtendüe. *Nous avons vû* , dit-il , *dans les Chapitres precedens que les Iugemens que Nous formons ſur le raport de nos yeux touchant l'Eſtendüe, la Figure, & le Mouvement , ne ſont jamais exactement vrais ; mais cependant il faut tomber d'accord qu'ils ne ſont pas entierement faux. Ils renferment au moins*

Pag. 76.

*cette Verité qu'il y a hors de Nous de
l'Estendüe.*

Je ne m'arrestay point à prouver
que Nous connoiſſonsde l'Eſtendüe par
les Sens, parce que c'eſt ce que noſtre
propre experience Nous peut apprendre, & parce qu'on ne ſçauroit convaincre vn homme ſur ce point, non-
plus qu'on ne pourroit pas l'obliger
d'avoüer que l'On voit de la Lumiere
en plein midy s'il avoit fait deſſein de
ſoûtenir le conttaire.

Je demanday donc à Monſieur Rohault avec quelque ſorte de Curioſité
de quelle maniere Nous connoiſſions
l'Eſtendüe des Objets, Il me répondit
que c'eſtoit par le raiſonnement, en
ce que Nous experimentions que ces
Objets agiſſoient ſur Nous en differents
points, d'où Nous avions ſujet de conclure qu'ils eſtoient Eſtendus.

Mais cette Réponſe ne peut ſervir
qu'à prouver qu'il y a de l'Eſtendüe en
Noſtre Ame. Car, ou ce qui agit en
differens points doit eſtre eſtendu, ou
non.

Si Ce qui agit en differents points
doit eſtre eſtendu, il s'enſuit que Noſtre

Ame est estenduë , parce- qu'elle agit
en differents points sur les Organes de
Nostre Corps quand ce ne seroit qu'en
la moindre de toutes les parties dont il
est composé.

Et s'il n'est pas necessaire que ce qui
agit en differens points soit estendu , on
n'a donc pas droit de conclure que les
Objets exterieurs soient estendus , parce qu'ils agissent en differens points.

De plus , n'est-ce pas supposer de
l'Estenduë en Nostre Ame de reconnoistre que les Objets agissent sur elle
en differents points? Il faut donc qu'elle
contienne differents points comme differents Endroits dans lesquels elle est
capable de recevoir l'action des Objets:
Et cela peut-il estre conceu sans y supposer de l'Estenduë ?

Je ne m'estonne pas que l'On avoüe
icy, qu'il est difficile de prouver qu'il y
a de l'Estenduë hors de Nous lors que
Nous en voyons, mais je m'estonne que
l'On se fonde entierement sur vne chose qui est difficile à prouver.

Je veux que la Réponse de Monsieur
Rohault ne soit pas soustenuë de tous
Ceux qui ont embrassé la Philosophie

de Monsieur DESCARTES, il n'y aura pas pourtant moins de difficulté à re-
foudre cette Objection qui n'eſt pas
d'aillieurs ſi éloignée ny ſi particuliere
qu'elle ne ſe preſente d'abord à l'Eſprit,
lors que l'on entre avec ſincerité dans
cette maniere de philoſopher touchant
les Senſations, qu'ils ſont obligez de
recevoir, & que le bon Sens ſemble
avoir inſpirée.

Car toutes nos Senſations n'eſtant
autres Choſes que des Experiences de
pluſieurs Façons-d'Eſtre dont Noſtre
Ame eſt capable. Nous ne connoiſſons
veritablement par les Sens que Ce que
les Objets produiſent en Nous, d'où
il s'enſuit que ſi on avoüe que Nous
connoiſſons de l'Eſtendüe & des Figures
par le Sens auſſi bien que de la Lumiere
& des Couleurs, il faudra conclure neceſſairement que cette Eſtendüe & ces
Figures ne ſont pas moins en Nous que
cette Lumiere & ces Couleurs.

Et quand on voudroit accorder ce
Privilege à l'Eſtendüe qu'elle ſeroit
dans Noſtre Ame & dans les Objets exterieurs, au lieu que les Couleurs ne
ſeroient que dans Noſtre Ame: ce ſeroit

toûfiours avoüer que la perception que
Nous en aurions par les Sens Nous la
feroit reconnoiftre pour vne Façon-
d'eftre de Noftre Ame, ce qui d'eftrui-
roit encore le Syftéme de Monfieur
DESCARTES, outre que de fouftenir
que l'Ame & la Matiere font capables
d'vne méme Façon-d'eftre, ce feroit
avanfer vne chofe encore plus oppofée
aux Principes de ce Philofophe que celle que l'on voudroit éviter par cette
Réponfe,

NOus avons vû les principales
Chofes que l'Auteur a fuppofées,
& Nous avons reconnu qu'elles font
toutes contraires à la découverte de la
Verité. Mais comme il a tâché d'eftablir
plufieurs autres chofes, & qu'il s'eft mis
en devoir de les prouver ; Il femble,
Monfieur , que Nous foyons encore
obligez d'en remarquer les plus confiderables.

I.
Affer-
tion
PRemierement ; Il fouftient que
c'eft vne Erreur de croire que no-

ſtre Entendement juge des Veritez évidentes : Et comme il s'eſtend aſſez ſur
cette Queſtion, il eſt facile de voir ce
qu'il en penſe. *Il paroît peut-eſtre aſſez.
dit-il, de ce que Nous venons de dire,
que l'Entendement ne juge jamais &c.*
Et en-ſuite il pretend ainſi découvrir la
cauſe de l'erreur, dans laquelle il croit
que Nous ſommes tombez. *C'eſt ce qui
Nous fait croire que le conſentement
au bien eſt volontaire, & que le conſentement à la verité ne l eſt pas, comme s'il
faloit que nos actions fuſſent indifferentes pour eſtre volontaires &c* ; En-quoy
il remarque qu'il n'eſt pas neceſſaire
qu'vne action ſoit libre pour eſtre *Volontaire.*

Je demeure d'accord qu'il y a des
Choſes qu'on peut apeller *Volontaires*,
quoy - qu'elles ne ſoient pas libres.
Mais on doit auſſi reconnoiſtre que les
Choſes qui peuvent eſtre indifferam-
ment contre noſtre volonté, & qui
peuvent arriver malgré nos deſirs, ne
doivent pas eſtre apellées *Volontaires.*

Il eſt conſtant que Nous reconnoiſſons
ſouvent des Veritez auſquelles Nous
voudrions n'eſtre pas obligés de donner

des juge-mens de la Volon-té.
Pag. 10.
Pag. 15

Noſtre conſentement ; c'eſt ce qu'il
avoüe luy-méme en ces termes, *On ac-*
quieſce ſouvent à des Choſes que l'On
voudroit bien qui ne fuſſent pas, & que
lOn fuit.

Cela poſé, je demande ſi le conſentement que Nous donnons à ces Choſes
eſt *Volontaire* ; Si On le peut dire, il
faut avoüer que toutes nos actions &
toutes nos paſſions mémes ſont *Volon-*
taires : car Nous n'avons point de raiſons pour les traiter *d'Involontaires*,
que parce-qu'elles peuvent arriver malgré Nous.

L'Auteur ne doit pas trouver mauvais que je regarde la perception des
Veritez évidentes, comme le Jugement
que Nous en pouvons faire : car outre
que c'eſt dans cette ſeule perception que
conſiſtent les Jugemens qui nons gouvernent dans toutes les Sciences , c'eſt
qu'il le reconnoiſt luy-méme lors qu'il
explique les Jugemens qu'il avoüe que
l'On peut attribuer à l'Entendement.
Voicy comme il en parle avec beaucoup
de netteté en cet endroit , & d'vne
maniere tres-recevable. *Ie dis qu'il n'y*
a point d'autre difference de la part de

l'entendement entre vne simple percep-
tion, vn iugement & vn Raisoune-
ment; si-non qu'il aperçoit vne Chose sim-
ple sans aucun raport à quoy que ce soit
par vne simple perception, qu'il aperçoit
les raports entre deux ou plusieurs Choses
dans les Iugemens &c. Et ensuite lors
qu'il explique les differens raports que
Nous avons avec la bonté & avec la verité. *Ce qui fait qu'il n'y a qu'vne seule*
action de la Volonté au regard de la Ve-
rité. qui est son acquiescement ou son con-
sentement à la representation du ra-
port qui est entre les Chsses ; qu'il y en a
deux au regard de la bonté &c.

Pag. 10.

Pag. 14.

C'est avec raison qu'il distingue ces
ces deux actions . sçavoir, *l'Acquiesce-*
ment & l'Amour : Mais il ne doit pas
souftenir que l'Acquiescement soit vne
action de la Volonté : Car comment
est-il possible que la volonté acquiesce
aux choses qu'elle fuit, elle ne sçauroir
en méme-tems consentir & refuser son
consentement ; elle ne sçautoit aimer
& haïr vne méme chose dans le méme
moment: Ou si l'On pretend que l'Acquiescement dont on parle icy , ne soit
pas vne action d'Amour. Comment

est-ce que la Volonté en est capable?
puis-que par cette Faculté Nous ne con-
cevons autre chose qu'vn mouvement
de Nostre Ame qui la porte à s'appro-
cher ou à s'esloigner des Objets qui luy
sont ou agreables ou contraires, & pour
parler comme l'Auteur, puis-que cette
Volonté *est l'impression ou le mouvement*
que l'Esprit reçoit sans-cesse de l'Au-
teur de la Nature qui le porte vers le
bien en general. Si c'est vn mouvement
qui ne sçauroit cesser suivant ces paroles, comment est-ce que la Volonté se
peut reposer d'vne Maniere indifferen-
te pour ainsi dire? & qui plus-est, comment peut-elle se reposer, & fuïr en
méme tems, *qu'elle acquiesce à des*
Choses, qu'il ne voudroient pas qui fus-
sent.

Il est évident que l'Auteur luy attri-
buë ce qui n'appartient qu'à l'Entendement dont le Mouvement, ou le Repos
sont causés par les Objets. De-sorte
qu'à-proprement parler, l'Entendement n'est autre chose que l'Ame en ce
qu'elle est capable de recevoir differentes Façons-d'Estre de la part des Objets.
Et suivant l'Auteur, *la capacité de rece-*
voir

Pag. 8.

veir differentes Idées & differentes modifications dans l'esprit est entieremēt paßive, & ne renferme aucune Action; & c'est cette capacité qu'il apelle *entendement*, comme il le declare aussi.

Cela estant, quel autre Acquiescement peut-il concevoir à l'égard de la Verité & à l'égard de la *la representation du raport*, si-non une simple Negation de mouvement, en ce que les Objets ne meuvent point nostre Ame, & ne la changent pas, comme ils le feroient, s'ils n'estoiét point veritables?

L'Amour que les Bienheureux ont pour Dieu, ne laisse pas d'estre volontaire, quoyqu'il ne soit pas libre. Mais le Consentement que nous donnons aux Veritez évidentes n'est pas seulement independant de nostre liberté, il peut estre aussi contraire à nostre volonté; il peut estre l'Objet de nostre aversion & de nostre fuïte, au-lieu qu'il est impossible que Dieu soit l'Objet de la haine des Bien-heureux; en quoy il est clair que cette comparaison que l'Auteur a aportée n'est point juste.

Ce n'est pas que l'action de nostre Volonté ne suive de bien prés celle de

noftre Entendement ; mais il eft toûjours vray qu'elle la fuït, & non pas
qu'elle la precede, dans le confentement
que nous donnons aux Veritez évidentes , & ce qui peut faire croire que ce
Confentement eft une action de la Volonté , c'eft que nous accompagnons
ordinairement la Perception des Veritez évidentes d'vne certaine affirma-
tion mentale & interieure , qui eft juftement l'Idée de celleque nous expri-
mons au dehors lors que nous témoi-
gnons par nos patoles que nons fommes penetrez des Veritez que nous
avons conciïes.

A joûtons à cela que comme c'eft nôtre volonté qui nous fait confentir ordinairement à la Vray-femblance , &
qui nous determine lors que noftre
Efprit eft balancé entre des raifons pro-
bales ; cela nous fait croire facilement
qu'elle nous determine auffi à-l'égard
des Veritez êvidentes.

Mais de quelque maniere que l'on
s'explique fur ce fujet, on ne doit pas
dire que les chofes qui peuvent eftre
malgré nous , foient *volontaires* , &
que noftre Volonté en foit la verita-

ble caufe: Où il faudroit, reconnoiftre côme je l'ay déja remarqué, que toutes nos actions, & toutes nos paffions mémes pourroiët eftre attribuées à noftre Volonté. Quoy qu'il foit affuré que la plufpart foient *involontaires*; de forte qu'il n'y a pas tant de fujet d'avoüer icy que nous fommes tombez dans l'erreur comme l'Auteur le pretend, que de croire qu'il y eft tombé luy-même.

Si cette Affertion n'eftoit de plus grande confequence qu'il ne paroift; je n'en aurois point parlé, Cependant il eft jufte que nous voyons de quelle maniere l'Auteur tâche de s'expliquer fur le confentement que uons donnons aux Veritez évidentes. Voicy fes propres termes. *La volonté ue pouvant rien vouloir fans connoiffance, elle ne peut plus incliner l'Entende-* *Pag. 12.* *ment, ny luy commander qu'il reprefente quelque chofe de nouveau dans fon Objet, parce qu'il en a déja confideré tous les coftés qui ont raport à la Queftion que l'on veut decider: elle eft donc obligée de fe repofer & de ceffer de l'agiter, & de le tourner, & c'eft ce repos qui eft proprement ce qu'on appele Iugement & Raifonnement,* & quel peu apres. *De*

*forte qu'il eft comme neceffaire que la
Volonté ceffe de s'agitter, & de fe fa-
tiguer inutilement, & qu'elle acquiefce
avec pleine affurance qu'elle ne s'eft
point trompée, puis qu'il n'y a rien vers
quoy elle puiffe tourner la pointe de l'en-
tendemens.* Je ne m'arrefte point à remarquer fi toutes ces paroles font plé-
nes de Metapheres.

Je demande en premier lieu comment la Volonté peut incliner l'Entendement vers tous les coftez d'vn Objet
qui ont raport à vne queftion & tourner fa Pointe de toutes, les manieres
qu'il eft neceffaire qu'elle foit tournée.
puis que cette même Volonté *eft vne
puiffance aveugle qni ne fe porte qu'aux
Chofes que l'Entendement reprefente?*

Pag.
10.

Il eft évident que l'Auteur fuppofe
une Intellection qui precepe le mouvement de la volonté, & fans laquelle
elle demeureroit fans action, de forte
que l'Entendement conduit la Volonté, & ce n'eft point la Volonté
qui conduit l'Entendement, parce
qu'elle ne fçait pas s'il y a encore quelque cofté dans un Objet que l'Entendement n'aye pas connu, pour luy com-

mender qu'il se tourne vers ce costé.
Car ou elle auroit quelque connoissance de ces *costez* , qu'il faudroit considerer de nouveau , ou elle n'en connoi-
stroit rien du-tout; Si elle n'en connoist
rien du tout , ces *costez* sont pour elle,
comme s'ils n'estoient en aucune maniere? & si elle en a quelque connoissance, ce ne peut estre que par l'Enren-
dement : donc Il faut que l'Entendement previenne son action.

On ne doit pas dire qu'elle aye déja
une legere cōnoissance de ces Costez, &
qu'elle oblige l'Entendement de les
speculer davātage afin de les connoistre
mieux. Car outre que cela retourne à la
même difficulté en ce qu'il faut que
l'Entendement découure à la volonté
qu'il y a encore quelque chose à considerer dans ces Objets : c'est que ce n'est
pas la nouvelle aplication de l'Entendement aux Objets qui fait le consentement que nous leur donnons; c'est la
vüe que nous en avons lors que nous
les connoissons autant qu'il est necessaire que nous les connoissions pour en
juger. Et comme la volonté cesse d'agir
alors, *& de se tourmenter* , il s'ensuit

qu'elle n'eſt point la cauſe du conſentement, qu'on peut donner à ce que l'on
conſidere; puiſque toute ſon action conſiſte à faire que l'Entendemēt découvre
ce qui concerne ſon Objet: & puiſqu'il
peut decouvrir alors auſſi bien de la fauſſeté que de la Verité; & cela eſtant, il
ne doit point donner ſon Conſentement
ny acquieſcer à ſon Objet , quoy que
la Volonté ſoit en repos comme elle y
doit eſtre ſuivant l'Auteur, lors qu'elle
a obligé l'Entendement de ſpeculer tout
ce qui a raport à ſon Objet; d'où il s'enſuit que le Conſentement à la Verité
evidente n'eſt point un effet de la Volonté.

On peut comparer l'Entendement
à la vüe corporelle ; mais il y a cette
difference que nos yeux ne ſont pas
toûjours ouvers , & qu'ils ne ſont pas
toûjours tournez vers les Objets que
nous voulons regarder , au-lieu que
l'Entendement eſt toûjours expoſé à
l'action des Objets qu'il peut connoiſtre. Noſtre volonté peut tourner nos
yeux ſelon qu'il nous plaît pour apercevoir les Objets que nous ſouhaitons;
mais cela ne pourroit eſtre , ſi nous

n'avions au fond de nous-même un œil
toûjours ouvert, je veux dire l'Entendement, qui nous represente les differents *costez* vers lesquels nous pouvons
nous tourner, & qui commence la vi-
sion en nous-même, avant qu'elle nous
vienne du dehors. Mais comme nous
n'avons aucune Connoissance, ny aucune Lumiere qui precede celle de nostre
Intellection, Nous ne pouvons pas dire que nostre Entendement soit tourné
par nostre volonté vers differents Ob-
jers ou vers differentes parties d'un
mesme Objet comme nos yeux le peuvent estre.

Il faut que les Objets viennêt chercher,
pour ainsi dire, nostre Entendement,
& non pas qu'il aille au devant d'eux,
& qu'il les previenne avec empresse-
ment. La meillieure preparation qu'il
puisse aporter pour en bien juger est de
ne rien adjoûter du-tout à leur action,
c'est d'en éprouver toute l'estenduë &
toute la force d'une maniere paisible &
tranquile ; autrement il se rendroit luy-
même la cause de son erreur. Et son in-
fidelité seroit punie par les illusions
d'un Phantôme, qui le tromperoit in-
cessament.

En second lieu, l'Auteur veut que
noſtre volonté ſoit aſſeurée, que l'Entendement a conſideré tous les coſtez
d'un Obįet, pour donner ſon conſentement ; Mais cela n'eſt pas poſſible ; car
les moindres choſes peuvent eſtre con-
ſiderées avec tant de rapports que l'on
ne peut iamais eſtre aſſuré ſi on les à
tous conceus. C'eſt ainſi que l'Auteur
en parle dans ſon 3. Livre. *Que les moin-*
dres choſes ont entr'elles une infinité de
raports, & qu'il faut un eſpris infiny
pour les comprendre, un eſprit limité ne
pouvant donc les embraſſer ny les com-
prendre tous, quelque effort qu'il faſſe,
il eſt porté à croire que ceux qu'il n'a-
perçoit pas ne ſont pas.

Vous voyez, Monſieur, qu'il prouve en cet endroit qu'il eſt impoſſible
que l'homme ſoit aſſuré qu'il n'eſt pas
dans l'erreur, quoy qu'il ne ſouhaite
peut-eſtre pas que les preuves dont il
ſe ſert s'eſtendent ſi loing, puis qu'il
avouë que les moindres choſes ſont capables d'vne infinité de raports : & puis
qu'il ſouſtient dans l'endroit que nous
examinons, qu'il eſt neceſſaire que
l'Entendement ait conſideré tous les

ſoſtez d'un Objet pour que la volonté donne ſon conſentement, & qu'elle ſoit aſſurée apres cela qu'elle ne ſoit pas trompée.

Il eſt vray qu'il tâche d'adoucir ce qu'il dit touchant les raports des moindres choſes, & c'eſt pour cela qu'il adjoûte quel que peu apres. *Il ſuffit pour ne ſe point tromper, de ne juger que de ce que l'on voit* ; mais ſi les moindres choſes ont une infinité de raports que l'on ne peut comprendre & que l'on *n'aperçoit pas* ; ou il faut avoüer qu'on ne voit rien du-tout, ou que ſi on voit quelque choſe, ce n'eſt qu'à moitié, ce n'eſt qu imparfaitement : D'où il s'enſuit qu'on n'en ſçauroit former que des jugemens incertains ?

Mais il adjoûte encore, *& de ne faire jamais de jugemens entiers & abſolus que des choſes que l'on eſt aſſuré d'avoir examiné dans toutes leurs parties.* Que veut dire cela examiner une Choſe dans toutes ſes parties ? ſi c'eſt un Objet ſimple, comme l'Ame de l'homme, par exemple, n'eſt-ce pas qu'on en doit connoiſtre toutes les modifications & tous les raports que cette ſubſtan-

Pag. 297.

ce peut avoir avec les Corps ou avec
les autres especes d'Estres qui peuvent
exister ? si ce sont des Principes sur la
Verité desquels il faille prononcer, si
ce sont des Axiomes ou des Propositions, ne faut-il pas que l'on conçoive
toutes les consequences qui en depen-
dent afin de voir si elles n'enferment
point d'absurditez, & si elles n'ont rien
de contraire à d'autres Veritez que l'on
pourroit recevoir d'aillieurs?

Si ce sont des Estres corporels ne faut-
il pas que nous examinions les rapports
qu'ils peuvent avoir avec les Esprits,
ne faut-il pas connoistre leurs proprietez & leurs façons-d'Estres les plus ordinaires? mais comment pouvons-nous
estre assurez que nous avons connus
toutes ces parties & toutes ces dépen-
dances? Ne sont-ce pas *ces raports qu'un
Esprit finy ne sçauroit embrasser, &
qu'il ne sçauroit comprendre quelque effort qu'il fasse ?*

Bien loing que cette explication doive authoriser le principe que nous a-
vons refuté, elle n'est bonne qu'à re-
stablir l'un des plus forts argumens
dont les Pyrrhonniens se servent pour

faire voir qu'il est impossible aux hommes de de decouvrir la Verité.

* *
*

LA seconde Assertion comprend la
Regle generale que l'Auteur a ap-
portée pour éviter l'Erreur dans les
Sciences. Voicy de quelle maniere il la
propose ; *On ne doit iamais donner de
consentement entier qu'aux propositions qui paroissent si évidemmēt vrayes,
qu'on ne peut le leur refuser sans sentir
une peine interieure, & des reproches se-
crets de sa Raison.*

Pemierement, si on considere cette
Regle dans sa substance, elle n'est pas
si nouvelle qu'on pourroit se l'imaginer : car elle est contenuë dans la defini-
tion de la Science, & dans le fond , elle
se reduit à ne consentir qu'à des Veritez que l'on juge indubitables ; c'est ce
qu'on se propose lors qu'on demāde des
Demonstrations pour l'establissement
des Sciences , au-lieu que l'on se contente de probabilitez pour les simples
Opinions.

En second lieu , la maniere dont cette
Regle est proposée , detruit tout l'a-
vantage qu'on en pourroit receuoir;

II.

*Asser-
tion*

*De la
Regle
gene-
rale
pour
les
Scien-
ces.*

car comme il eſt facile de le juger, ce
qu’elle doit contenir de plus important, c’eſt le moyen de diſcerner ſi l’on
à tout ce qui eſt neceſſaire pour donner
ſon conſentement avec ſureté : & pour
cela l’Auteur ſe contente que l’on ſente
une peine interieure quand on le veut
refuſer.

Mais il eſt certain que l’on ſent une
peine interieure, & que l’on croit é-
prouver des reproches ſecrets de ſa raiſon, lors qu’on refuſe ſon conſentement à quantité de prejugez de la Nature. Il y a bien des gens qui s’imagi-
nent que la Raiſon les oblige de croire
que la Nege eſt blanche, qne le Feu eſt
chau, & que le Soleil a de la lumiere,
ils en croyent eſtre ſi juſtement perſua-
dez qu’ils ſe figurent que ce ſeroit tomber dans la folie que d’en douter ſeulement, & neantmoins comme l’Auteur
le reconnoiſt fort bien, ils ne ſe condui-
ſent dans ces jugemens que par un ſimple prejugé. Il y a auſſi pluſieurs perſonnes qui ſe croyent legitimemet con-
vaincus qu’il y a de l’eſtenduë, des mouvemens & des figures hors d’eux, & qui
ſe fondent pour ce jugement, ſur le
ruport

raport de leurs sens, quoy qu'ils n'ayent pas plus de droit de le faire, comme nous l'avons remarqué dans la 7. supposition, que ces Premiers en peuvent avoir à l'égard des Couleurs, de la Chaleur & de la Lumiere.

Aussi l'Autheur avouë *que quand les choses que nous apercevons, nous paroissent fort vray-semblables, nous nous trouvons entierement portez à les croire: Nous sentons même de la peine quand nous ne nous en laissons pas persuader.* En quoy il reconnoist sincerement qu'il ne suffit pas de sentir des remors pour estre obligé de consentir : *& c'est pour tels, adjoûte-il, que j'ay mis expressement dans ces deux Regles qu'il ne faut consentir à rien, iusqu'à ce que l'on voye évidemment qu'on feroit un mauvais usage de sa liberté, si on ne consentoit pas.* Il demande que l'on connoisse évidamment que l'on feroit un mauvais usage de sa liberté, si on ne consentoit pas : & il reconnoist auparavant que nous ne sommes pas libres à l'égard des Veritez évidentes, & que parce que nous ne sommes pas libres dans le consentemét que nous leur donnons, il ne

Pag.
16.

H

faut pas conclure de-là que ce confentement ne foit pas volontaire.

De fçavoir comment nous pouvons
faire ufage de noftre liberté lors que
nous ne fommes pas libres, c'eft une
chofe qui meriteroit encore bien d'eftre
expliquée.

Cependant il faut remarquer que
cette maniere de confiderer toûjours
noftre confentement comme un effet
de noftre volonté nous ofte le feul
moyen que nous ayons pour difcerner la Verité, de la vray-femblance:
Car nous ne fçaurions trouver une
meillieure marque de la Verité que la
force qu'elle a d'emporter noftre confentement malgré nous-mémes, & fans
que nous adjouftions quoy que ce foit
à fon action. Au-lieu que la Vray-femblance nous peut bien folliciter à confentir, mais elle ne fçauroit nous obliger de le faire malgré-nous.

La Verité appartient entierement
aux Objets, mais la Vray-femblance
nous eft redevable d'une partie de ce
qu'elle eft, & fouvent nous la pouvons
regarder comme une entiere productió
de noftre Efprit: auffi ce que nous

appellons *Estres-de-Raison*, ne contient de la fausseté que parce qu'il vient
de nostre part, d'où il s'ensuit que nous
devons tâcher sur-tout de bien reconnoistre si nous N'ajoûtons rien à l'a-
ction des Veritez sur nostre Entendement, avant que d'y consentir : bien
loin que nous devions soûtenir que ce
Consentement doive toûjours estre un
effet de nostre volonté.

Vous voyez, Monsieur, que le dé-
faut de cette Assertion est une consequence de celle que nous avons examinée auparavant, & nous alons reconnoistre que la suivante est encore
apuyée sur le méme Principe.

⁎

L'Auteur nous permet de nous conduire par de simples Vray-semblances. *Il ne faut pas méprifer absolu-
ment les Vray-femblances, parce qu'il
arrive ordinairemēt que plufieurs eftant
jointes enfemble, ont la méme force
pour convaincre que des demonftrations
tres-évidentes.* C'est ainsi qu'il en parle ; mais s'il est vray comme il le témoi-
gne, un peu auparavant, *que la fauf-
feté & la confufion regnent dans la*

III.
*Affer-
tion,
des
vray-
fem-
blan-
ces.*

*Pag.
45.*

Philosophie ordinaire, parce que les Philosophes se contentent d'une Vray-semblance fort facile à trouver. Pouvons-nous suivre avec sûreté de si foibles Lumieres ? & qu'est-ce que plusieurs Vray-semblances jointes ensemble ? sinon plusieurs Apparences douteuses? l'Auteur accordera qu'une seule Vray-semblance ne merite pas nostre consentement ; La raison est qu'elle enferme un sujet de douter , autrement ce ne seroit pas une simple Vray-semblance, mais ce seroit une parfaite Demonstration

Cela posé , nous devons faire fort peu d'estat de plusieurs Vray-semblances jointes ensembles , car comme il n'y en a point qui n'ait sa raison de douter avec elle ; il faut avoüer que toutes les Vray-semblances possibles n'auront jamais la force d'une seule Demonstration évidente.

De-plus, la pluf-part des Vray-semblances viennent des Prejugez de la Nature , ou des Hypotheses qui nous sont les plus familieres. Ce qui nous paroist fort Vray-semblable en un tems , nous le paroist tres peu en un autre , & les moindres Veritez que nous decouvrons

de nouveau diſſipent en un moment une
infinité de ces Apparences qui tirent
leur auantage de noſtre foibleſſe. C'eſt
ainſi que dans les Mathematiques toutes les raiſons problables s'évanoüiſſent
lors qu'une Demonſtration nous apporte la Verité; ſoit que ces Raiſons
ſoient contraires à ce que l'on découvre, ſoit qu'on les ait regardées comme des preuves de ce que l'on commence a reconnoiſtre évidemment.

Il eſt vray que dans la Medecine dans
la Morale & dans les Arts, on peut ſe
conduire par de ſimples Vray-ſemblances, mais c'eſt par ce que l'on ne demande alors que d'agir, & que pourvû
que l'on puiſſe produire ce que l'on
ſouhaite, on a ſujet d'en eſtre content.
Mais il en faut uſer autrement à l'égard
des Sciences Speculatives, parce qu'on
n'eſt pas moins obligé d'en tirer de l'E-
vidence que de la Certitude; & comme
les vray-ſemblences ſont toûjours ac-
compagnées d'Obſcuritez, on ne doit
jamais s'en contenter.

L'Auteur reconoiſt aſſez le defaut des
Vray-ſemblances, comme il le témoi-
gne en bien des endroits de ſon Livre,

& ie ne luy imputerois pas le Sentiment
que nous refutons , s'il ne l'avoit conceu à-part dans un Article expres qn'il
commence de la-sorte. *La troisiéme cho-*
se enfin est , qu'il ne faut pas méprifer
abfolument les Vray - femblances : &
le reste que i'ay rapporté à quoy il ed-
joûte : , de-forte qu'il est fouvent à pro-
pos d'en amaffer un nombre fuffifant
fur les matieres que l'on ne peut demon-
trer autrement. Mais les peut on demontrer ainfi? est-il poffible que de fimples probabilitez faffent jamais des Demonftrations? & quand on ne pourroit
auoir d'autres Affurences de la Verité,
s'enfuivroit-il que celles - là en fuffent
plus legitimes ? Si l'Auteur avoit trouvé le moyen de demôtrer par des Vray-
femblances , il rendroit les fciences
bien faciles ; mais comme cela ne fe
peut, il faut avoüer qu'en fuivant cet
Article nous tomberions dans les defauts qu'il a luy-mefme condemnez.

D'ailleurs comment pouvons-nous
estre affurez qu'on ne fçauroit avoir de
Demonftrations fur les Matieres touchant lefquelles nous n'avons que de
fimples Vray-femblances? N'est-il pas

poſſible qu'il y ait des gens plus ha-
biles que nous qui decouvrent des Demonſtrations que nous ne prévoyons
pas ? & quand nous ſerions parfaitement aſſurez qu'on ne pourroit avoir
de Demonſtrations ſur de certaines matieres qu'en devrions-nous conclure?
ſi-non qu'on n'en pourroit avoir de
ſcience ? mais de pretendre que des
vray-ſemblaces jointes enſembles ayé t
*autant de force que des demonſtrations
tres-évidentes*, c'eſt une choſe dont il
eſt de la derniere conſequence d'eſtre
deſabuſé, ſi l'on veut découvrir la Verité.

LA quatriéme choſe que nous pouvons conſiderer, c'eſt ce que l'Auteur pretend établir touchant les Jugemens qui accompagnent ordinairement
nos Senſations. Quoy qu'il employe
treize ou quatorze de ſes chapitres pour
decouvrir les Erreurs de nos Sens qui
meritent bien apres-tout une auſſi am-
ple diſcuſſion, Je ne m'arreſteray qu'à
ce qu'il en dit au commencement de ſon
treiziéme chapitre. *Nous n'avons aucune Senſation des choſes exterieures,*

qui n'enferme un faux Jugement.

Je n'examine point si on juge, comme il le souſtient, que les Idées ou les Façons-d'Eſtre que l'on reçoit par les Sens ſont dans les Objets, ou ſi l'on juge ſeulement qu'il y a quelque choſe dans ces mémes Objets de *ſemblable* à ce qu'ils produiſent en Nous par nos Sens.

L'Auteur pretend que nous tombons dans ces deux ſortes de Jugemens, & qu'ils ſont egalement faux. Ainſi il ne veut pas que nous iugions qu'il y a dans le feu, une chaleur ſemblable à celle que nous en pouvons recevoir : Quand nous nous en aprochons, Et d'aütre part quand nous attriburions nos propres Façons-d'eſtre aux Obiets qui nous les cauſent, noſtre Erreur ne feroit pas ſi dangereuſe, s'il eſtoit poſſible que ces Obiets en euſſent de ſemblables.

Je n'attaque donc point cette Aſſertion dans ſa ſubſtance, parce que ie ne vois pas qu'elle ſoit contraire à la Verité : mais il me ſemble que l'Auteur ne la point prouvée de la maniere qu'il le devoit : Car il ne ſe fonde pour cela que ſur ce que la Matiere ne ſçauroit avoir des Façons-d'Eſtres ſemblables à celles dont noſtre Ame eſt capable ; mais cette

Raison suppose que l'on connoist parfaitement la Nature de l'Ame & celle
de la Matiere ce qui se reduit à la premiere Supposition que nous avons
condamnée.

De plus cette Raison enferme, ou
combat quasi toutes les autres Suppositions dont nous avons parlé ; car il est
dé-ja évident que si la Matiere ne sçauroit rien avoir de semblable à ce qui est
dans l'Ame : l'Ame ne sçauroit rien
avoir de semblable à ce qui est dans la
Matiere ; d'où il s'ensuit , ou qu'elle
n'en a point d'Idée, ou que si elle en a,
ces Idées , comme on le pretend , representent des choses ausquelles elles
n'ont rien de semblable, ce qui embras-
se la cinquiéme & la sixième Supposition: de-plus il s'ensuivroit que l'Intellection n'auroit pas plus de priuile-
ge que les Sens pour decouvrir ce qui
est hors de nous, & cela est contraire à
la quatriéme supposition.

On peut adiouter que la sixiême Supposition détruit cette Assertion. Car
s'il est possible que nos Idées qui n'ont
rien du-tout de semblable à ce qui est
dans les Obiets exterieurs, comme on le

fouſtient , nous les repreſentent nean-
moins:Pourquoy eſt-ce que lesFaçons-
d'Eſtre que nous recevons par les Sens
ne nous repreſenteront pas les Obiets
qui les produiſent , quoy qu'elles ne
leur ſoient point ſemblables?

Mais ſans decouvrir davantage d'Obſcuritez dans cette Aſſertion , il ſuffit
qu'elle ſoit fondée ſur la premiereSup-
poſition dont nous avons parlé, pour
que nous ſoyons aſſurez qu'elle ne peut
pas ſubſiſter.

Si l'Auteur l'avoit eſtablye ſur les
Raiſons que l'on peut voir dans le
Theætetus de Platon, il l'auroit prouvée d'une maniere inconteſtable , mais
cela auroit détruit d'an autre coſté , ce
qu'il fouſtient de l Eſtenduë qu'il ſuppoſe hors de nous, lors que nous en
voyons.Et je ne ſçais s'il a mieux fait de
ſuivre ſes Principes quelques deffe-
ctueux qu'ils ſoient,que de les renverſer
par une nonvelle maniere de philoſopher quelque legitime qu'elle puiſſe
eſtre.

V.
Aſſer
tion.

.

LA cinquiéme Aſſertion eſt, qu'il y
peut avoir des Eſtres qui ne ſoient

ny Corps ny Esprits. C'est ce que l'Au- *Des*
teur tâche de prouver dans son troisié- *Estres*
me Livre, chap. 9. Voicy les termes qui *qui ne*
sont dans le Titre. *Qu'on ne doit pas* *sont ny*
juger qu'il n'y ait que des Corps ou des *Corps*
Esprits. Dans ce que Nous venons *ny Es-*
d'examiner, Nous avons reconnu que *prits.*
l'Auteur avance un peu trop : icy nous
allons reconnoistre qu'il n'avance point
assez. Car quoy qu'on ne doive pas assurer témérairement que de ce que nous
n'avons des Idées que de deux sortes
d'Estres, il n'y en puisse avoir hors de
Nous qui ne correspondent point à ces
Idées, il est pour-tant necessaire de le
prouver, autrement on donne les mains
à l'un des plus forts argumens des Pyrrhonniens : Car s'il y peut avoir des
Estres qui ne soiét ny Corps ny Esprits,
il n'est pas impossible non-plus qu'il y
en ait une infinité de differents genres,
dont nous n'avons aucune connoissance : Et cela estant, il nous est impossible de sçavoir quels sont les Estres qui
sont hors de Nous : D'autant-plus que
nous n'en devons pas juger suiuant les
effets qu'ils produisent en Nous par nos
Sens, comme l'Auteur le soustient, ces

effets n'eſtant point du-tout ſemblables à ce que ces Eſtres ſont en eux-
mêmes.

De-ſorte que l'on retombe dans le
Pyrrhonniſme, ſi l'on ſuit ce ſentiment.
Au-lieu que le ſeul moyen de s'en ga-
rentir, c'eſt de reconnoiſtre qu'il y a un
raport conſtant entre les Objets & nos
Idées, en-ſorte que ce qu'il nous eſt
impoſſible de concevoir ne puiſſe exi-
ſter hors de-Nous.

Autrement nous n'aurions pas droit
de ſoûtenir que les contradictoires enferment de la fauſſeté, de ce qu'il nous
eſt impoſſible de concevoir qu'elles
ſoient veritables en même-tems, & cela
nous excluroit entierement de la connoiſſance de toutes ſortes de Veritez:
Bien-loing que nous fuſſions jamais en
eſtat de prononcer ſur l'Eſſence de quoy
que ce ſoit.

Je veux que l'Auteur ne pretende pas
qu'il nous ſoit abſolument impoſſible
de concevoir ces Objets d'un troiſiéme
genre ; mais que ſeulement nous n'en
pouvons pas juger, parce que nous
n'en avons aucune Idée : Neanmoins
cela retourne à la même difficulté. Car ſi
nous

nous ne devons pas juger que ces Eſtres
ſoient impoſſibles, nous ne ſçaurions
eſtre aſſurez, comme on l'accorde icy,
qu'ils n'exiſtent point : & s'ils exi-
ſtoient, il s'enſuivroit que ce feroient
des Eſtres qui nous ſeroient inconnus,
& dont nous ne pourrions decouvrir la
Verité, n'en ayant aucune Idée : d'où
on pourroit douter ſi ce ſeroient ces
Eſtres qui agiroient ſur Nous, par nos
Sens, & dont il s'agit principalement
icy d'acquerir la connoiſſance. Car ſi
nous pouvons juger de ces Eſtres, c'eſt
ſeulement par Ce qui en eſt, ou qui
n'en eſt pas *poſſible*. Ainſi nous jugeons
que ce ne ſont pas de certains Eſtres,
par exemple, qui agiſſent ſur Nous par
nos Sens, parce qu'il nous paroiſt impoſſible que ce ſoit ces Eſtres : mais
nous ne pouvons pas juger qu'il ſoit
impoſſible que ces Eſtres d'un troiſiéme genre agiſſent ſur Nous par nos
Sens, parce que, comme Nous n'en
avons aucune Jdée ; Nous ne ſçaurions
ſçavoir ce qu'ils peuvent, ou ce qu'ils
ne peuvent pas produire.

Je veux encore qu'on ſe puiſſe diſ-
penſer de prouver que nous connoiſ-

sons tous les Genres d'Estres possibles,
dans un commencement de Logique
comme est le Livre que nous examinôs.
Mais si on ne doit pas prouver positi-
vement cette Verité, on ne doit pas
du-moins soûtenir le contraire comme
on le fait, autrement on s'exclut de
la connoissance de ce que l'on cherche.

De sorte, Monsieur, que l'Auteur s'est
encore un peu trop avancé icy sur la Ne-
gative, quoy qu'il ait paru d'abord trop
reservé.

**

L A sixiéme Assertion est, qu'il y
peut avoir quelque chose dans
l'Ame qui precede la Pensée, & quelque chose dans la Matiere qui precede
l'Estenduë. Pour ce qui est de l'Ame:
Voicy comme l'Auteur en parle. *Si On
veut même qu'il y ait quelque chose dans
l'Ame qui precede la pensée, je n'en
veux point disputer. Mais comme je suis
sur, que personne n'a de connoissance de
son Ame que par la pensée, je suis assuré aussi que si quelqu'un veut raisonner
sur la Nature de son Ame, il ne le peut
faire avec connoissance que sur cette
Idée qu'il a de la pensée,* Mais quand

VI.
Asser-
tion
de
l'Es-
sence
de
l'A-
me &
de
celle
de la
Ma-
tiere.

Pag.
320.

Nous n'aurions point de connoiſſance
de ce qui pourroit preceder la Penſée,
Nous ne devrions pas conclure à-cauſe
de cela qu'il fût impoſſible d'en avoir;
d'autant-plus qu'il y a eu des Philoſo-
phes qui ont crû que la Penſée n'eſtoit
qu'un Accident dont on devoit chercher
le principe dans le Sujet qui en eſt capable. Pytagore, Platon, Democrite,
Epicure, & peut-eſtre Ariſtote, ont
eſté de ce Sentiment; mais que cela ſoit,
ou non, quand on n'auroit aucune Idée
de ce qui pourroit preceder la Penſée,
il n'en faudroit rien conclure, ſi-non
qu'on n'en pourroit avoir de Science.
L'Auteur peut eſtre aſſuré qu'on n'en
pourroit parler; mais quand on n'en
pourroit parler, la choſe n'en ſeroit pas
moins veritable en elle-même.

D'où il s'enſuit, que ſi on peut douter qu'il y ait quelque choſe dans l'A-
me qui precede la Penſée, comme l'Auteur accorde qu'on le peut faire, on ne
doit point du-tout prononcer ſur l'Eſſence de l'Ame, & l'on ne ſçauroit eſtre
aſſuré, ſi l'Eſtenduë en eſt une Façon-d'Eſtre; car l'Ame eſtant capable
d'une infinité de modifications de dif-

ferentes efpeces, comme on le reconnoiſt encore , Quand l'Eſtenduë ne
pourroit jamais convenir avec la Penſée, cela n'empeſcheroit pas qu'un meſme ſujet ne pût recevoir ces deux Façons-d'Eſtre , du-moins en differents
tems. Et d'ailleurs , ſi on ne connoiſt
ce qui eſt de premier dans l'Ame , on
ne ſçauroit juger de ce qui luy peut , ou
qui ne luy peut pas convenir abſolument.

L'Auteur fait le méme raiſonnement
touchất l'Eſtenduë, & nous avons auſſi
les mémes choſes à dire ſur ce ſujet. Je
ne crois pas qu'il ſoit neceſſaire de les
repeter.

Mais comme Il craint que ce doute ne
ſoit un peu trop puiſſant, il tâche de
l'affoiblir , *Toutesfois*, dit-il, *quand on
ſuppoſeroit, qu'il y auroit quelque autre
choſe que de l'Eſtenduë dans la Matiere, cela n'empeſcheroit pas , ſi on y prend
bien garde ; que l'Eſtenduë n'en fût
l'Eſſence.*

La raiſon qu'il en apporte eſt , que
*l'Eſtenduë n'eſt pas une Façon-d'Eſtre,
& que par conſequent c'eſt un Eſtre,*
d'où il conclut que c'eſt l'Eſſence de la
Matiere.

Je ne m'arreſte point à toutes les par-
tie- de ce raiſonnement en-détail, j'en
conſidere ſeulement le principe, qui eſt
que l'Eſtenduë n'eſt pas une Façon-
d'Eſtre, à ce que l'Auteur pretend, parce que ſi cela eſtoit, Nous en connoî-
trions le Sujet. Il eſt vray que ſi Nous
connoiſſions clairement que l'Eſtenduë
fût une Façon-d'Eſtre, nous connoî-
trions ſon Sujet ; mais comme nous
pouvons douter ſi c'en eſt une; Nous
pouvons auſſi eſtre incertains ſi elle a
un Sujet. Cela poſé, Nous ne devons
pas prononcer ſur ce qui en eſt. Car
quoy que nous ne puiſſiõs la concevoir
côme une Façon-d'Eſtre ſens en ſuppoſer un ſujet: lors que nous ne ſômes pas
aſſurez ſi c'eſt un Eſtre ou une maniere
d'Eſtre; Nous pouvons fortbien ignorer
ſon Sujet ſans eſtre obligez de prononcer ſur ce qu'elle eſt, ou qu'elle n'eſt
pas. C'eſt ainſi que nous demeurons en
doute touchant toutes les autres Eſſen-
ces que nous ne connoiſſons point ; en
quoy nous voyons que cette Raiſon eſt
inutile pour nous empeſcher de douter.

Adjoûtons que s'il y avoit quelque
autre choſe dans la Matiere que l'Eſten-

duë ou cette autre chofe y feroit avant
l'Eftenduë, ou du-moins elle feroit également enfoncée dans l'Eftre de la Matiere. Si c'eftoit quelque chofe de premier que l'Eftenduë, il eft évidant que
l'Eftenduë ne feroit pas l'Effence de la
Matiere; car l'Effence confifte toûjours
dans ce qu'il y a de premier en chaque
Eftre.

Si cette chofe pouvoit eftre mife en
paralelle avec l'Eftenduë à l'égard de la
Matiere, on pourroit faire le même
Raifonnement de cette chofe, que celuy
que l'Auteur fait de l'Eftenduë. Car
ou on en connoiftroit le fujet, ou non:
fi on en connoiffoit le Sujet. Ce Sujet pourroit difputer à l'Eftenduë, le
Titre d'Effence de la Matiere. Si on n'en
connoiffoit pas le Sujet, il faudroit donc
conclure fuivant le raifonnement dont
nous parlons, que cette Chofe ne feroit
pas une Façon-d'Eftre ; que ce feroit
enfin l'Effence de la Matiere. De-forte
que l'on prouve icy deux Effences dans
la Matiere, de-peur de n'en pas bien
prouver une feule, fi tant-eft que les
autres parties de ce Raifonnement, ne
foient pas fujettes à Caution.

Cependant si l'Auteur se determine ainsi sur la Nature de l'Ame, & sur celle de la Matiere, il est clair qu'il met en pratique, ce qu'il approuve touchant les Vray-semblances, puîs qu'il se conduit en-cela par de simples Probabilitez. mais il peut considerer que cette questió sert de principe à tout ce qu'il a voulu prouver de l'Erreur de nos Sens, de l'Entendement pur, & de la Representation des Idées ; & que si les Demonstrations sont necessaires, c'est principalement lorsqu'il s'agit de l'Essence de nostre Ame & de celle de la Matiere.

*
* *

ENfin, Monsieur, voicy la derniere Chose qu'il est necessaire de remarquer icy, On peut dire qu'elle appartient d'avantage à l'Auteur que la pluspart des Assertions & des Suppositions dont Nous avons parlé. C'est un effet de son Jugement & de sa Pieté.

De son Jugement, en ce qu'il voit bien que les manieres, selon lesquelles on croit ordinairement que nou, connoissons les choses qui sont hor, de Nous, ne sont point évidentes : & que par consequent, il est necessaire, d'en trouver d'autres.

De sa Pieté en ce qu'il tâche par cette pensée *que nous voyons toutes choses en Dieu*, de nous aprocher davantage de cette Source de toute sorte de Lumiere, & de Sainteté. En effet cette pensée est bien propre à nous inspirer en même-téps du Respect & de l'Amour pour cet Estre souverain, duquel nous empruntons nos plus secrettes Connoissances, & je vous avoüe, Monsieur, que cette parfaite confidence me semble devoir estre accompagnée d'vne tendresse si entiere & si profóde, pour me servir de ces termes, que je ne crois pas qu'on puisse rien imaginer de plus engageant.

Mais sans diminuer l'vtilité de cette pensée que l'on pourroit rencontrer peut-estre dans quelques-unes des Manieres que l'Auteur n'a pas voulu recevoir : sans examiner d'aillieurs si elle est aussi vraye qu'elle pourroit estre souhaitable ; Nous allons reconnoistre qu'elle n'est pas propre pour estre un principe de Philosophie.

Elle doit estre reduite à la troisiéme supposition dont nous avons parlé ; & il est trop évident qu'elle comprend quantité de Choses qui appartiennent à

laFoy, ou du moins qui doivent estre
considerées comme les dernieres Con‑
clusions de la Science humaine, puis‑
que c'est ce qu'il y a de plus relevé par‑
my les sujets qui nous portent à phi‑
losopher, je veux dire, l'Essence de
Dieu, sa Maniere de connêtre ou de
produire les Creatures, la subordina‑
tion de ses Idées, & toutes les differen‑
tes Unions dont nous sommes capables
à son égard. Il est manifeste, que tou‑
tes ces choses sont trop éloignées de
nos premieres connoissances, & que
nous ne sçaurions y atteindre, qu'apres
nous avoir exercé long-tems dans la
speculation des moindres choses, par
lesquelles nous devons tâcher d'y mon‑
ter, comme par autant de degrez.

Mais quand cette Pensée ne seroit
pas sujette aux defaux de la troisiéme
suposition : elle ne laisseroit pas d'estre
inutile pour resoudre une grande Diffi‑
culté, pour laquelle, il semble qu'elle
aye esté inventée ; sçavoir, pour faire
comprendre cóment nôtre Ame connoît
les Objets Materiels. Car il n'y a pas
moins de difficulté à concevoir com‑
ment Dieu qui est infiniment plus sim‑

ple & plus immateriel que noſtre Ame a du raport avec la Metiere, & côment ſes Idées la luy repreſentent, que de concevoir tout cela dans noſtre Ame.

Quoy que l'Auteur ſemble tâcher de reſoudre cette Difficulté ; comme on le peut voir au commencement de ſon troiſiéme Livre, il ne le fait point pourtant : Et bien plus il ne le doit pas faire, parce qu'il ne doit pas avoüer qu'il y ait de la Difficulté à conceuoir comment nos Idées repreſentent la Matiere, puis qu'il reçoit pour Principe qu'il n'eſt pas neceſſaire que ces Idées ſoient *ſemblables* aux choſes qu'elles repreſentent, comme nous l'avons aſſez remarqué dans la ſixiéme Suppoſition. Cependant ſi on a de la peine à concevoir comment noſtre Ame ſe peut repreſenter les Objets Materiels : Et ſi on ſemble toûjours ſuppoſer que cela ſoit difficile, c'eſt par un effet du bon-ſens dans lequel on retombe lors qu'on ne fait point de reflectiôs ſur un Syſteme conrraire que l'on peut avoir embraſſé. C'eſt ainſi que l'Auteur ſemble chercher en pluſieurs endroits de quelle Façon nos Idées nous repreſentent la

Matiere, & qu'il se detourne de le faire, de peur de tomber dans des contradictions.

Cette pensée est donc inutile pour resoudre la difficulté dont nous parlons,
parce qu'il n'est pas plus évident que
Dieu ait des Idées semblables à la Matiere que de dire que nous en ayons.

Mais quand il seroit vray que les
Idées de Dieu auroient plus de rapport
avec la Matiere que les nostres; cela seroit encore inutile pour Nous: car quelques Idées que Dieu puisse avoir, elles
ne servent de rien pour nostre connoissance, à-moins qu'il n'en resulte en
Nous des Façons d'Estres qui soient
semblables à ces mêmes Idées; & si cela
estoit, il est clair que nos Idées seroient
semblables aux Objets Materiels: puis
qu'elles seroiēt semblables aux Idées de
Dieu, dans lesquelles on veut qu'il y
ait de la ressemblance avec ces Objets.
Ainsi ce seroit retourner dans la même
difficulté qu'on voudroit éviter.

Il faut qu'il resulte quelque Façon-
d'Estre dans nostre Ame, pour que nous
ayons de la Connoissance: parce que la
Connoissance, comme on a coûtume

de le dire , eſt une Action *immanente*,
ou ſi l'on veut c'eſt une ſimple Paſſion,
& cela ſuppoſe encore plus évidemmēt
quelque Effet dans la Subſtance qui
connoiſt, juſques-là que l'on peut aſſurer qu'il eſt neceſſaire que cet Effet ſoit
nouveau pour eſtre connu ; car comme
l'Experience nous le fait aſſez voir , il
ne ſuffit pas qu'il y ait quelque choſe
dans noſtre Ame , Pour que cela nous
ſoit connu ; il faut que cela nous arrive
de nouveau , puis qu'il eſt certain que
nous aprenons à nous connoiſtre tous
les jours , & que nous ne decouvrons
que par ſucceſſion ce que noſtre Ame
contient en même-tems. De-ſorte que
les Idées ſont abſolument neceſſaires
pour la Connoiſſance : Car ſoit que ce
ſoit une Action ou une Paſſion, il faut
neceſſairement qu'elle aye quelque Ter-
me, & c'eſt ce qu'on appelle ordinairement *Idée* , *Verbe* , ou *parolle de
l'Eſprit*.

Il n'y a point d'Unions quelles qu'elles ſoient qui nous puiſsét exemter d'a-
voir des Idées, lors que nous connoiſſons au-contraire, ces Unions ſont propres à nous cauſer des Idées par les
change-

Changemens des Choſes avec leſquelles nous pouvons eſtre unis.

Ainſi de ce que noſtre Ame eſt unie à
noſtre Corps, il s'enſuit qu'elle a des
Idées lors que ce corps reçoit des Mouvemens ; mais quelques Mouvemens
que ce Corps puiſſe recevoir , &
quelques Changemens qu'il puiſſe é-
prouver, cela nous eſt entierement in-
connu , à moins que noſtre Ame n'en
reçoive quelque Effet en ſa propre Subſtance. Et c'eſt pour cela que lors que
Nous ne ſommes point attentifs à Ce
qui arrive dans les Organes de nos Sens,
cela eſt pour Nous , comme ſi cela n'é-
toit point du-tout.

L'Auteur ne veut pas que l'Union que
noſtre Ame à avec noſtre Corps , ſoit
moindre que celle que nous pourrions
avoir avec Dieu? puiſque l'Egliſe nous
propoſe cette Union comme l'Idée &
la repreſentation de celle que le Verbe
a contractée avec la Nature Humaine,
& puiſqu'il n'a pas garde de ſoûtenir
que ſon Union de connoiſſance ſoit
auſſi parfaite que ſi elle eſtoit hypoſta
tique.

Quoy qu'il en ſoit , cela ne fait pas
que nous puiſſions cónoiſtre ſans Idées:

K

comme on le semble suppoſer icy.

D'autant plus qu'il faut ſe deſaire d'une fauſſe Opinion que le Vulgaire reçoit ſans peine, & que l'on peut veritablement apeller, Un Préjugé de la Nature : c'eſt à l'égard de ce qui ſe paſſe dans la la Viſion. Il ſemble que ce ſoit aſſés que Nous ayons les yeux ouvers. & que les Objets ſoient devant Nous, pour que Nous les voyons ; & l'on ne conſidere pas ce qu'il y a de plus neceſſaire dans cette Sanſation, ſçavoir, l'Effet qui en reſulte en noſtre Ame.

De même on pourroit ſe figurer lors que l'on dit, *que nous voyons toutes choſes en Dieu*, que c'eſt aſſés pour cela que Dieu nous ſoit preſent, & qu'il aye les Idées des choſes que l'on veut que nous voyons. Au lieu que l'on doit s'aſſurer que toutes ces Idées nous ſont entierement inconnües à - moins qu'il n'en arrive quelque Façon - d'Eſtre dans la propre ſubſtance de noſtre Ame.

Auſſi l'Auteur pour empécher de conclure de ſon ſentiment *que Nous connoiſſons tous ce que Dieu connoiſt*, ſoûtient, que nous ne connoiſſons que les ſeules Choſes qu'il plait à Dieu de nous découvrir : Mais comment

eſt-ce que Dieu nous découvre de certaines choſes, & qu'il nous en cache
d'autres ? ſi ce n'eſt en ce qu'il produit
en nous des Idées de ce qu'il veut que
nous connoiſſions, & qu'il n'en produit
point de ce qu'il ne veut pas qui nous
ſoit découvert ? à quoy ſe termine l'A-
ction qui nous diſpoſe differamment à
l'égard de ces Choſes? puiſqu'elles ſont
toutes en Dieu , comme on le reconnoiſt , & puiſque noſtre Union demeu-
rant toûjours la même ne ſçauroit aporter de la diverſité à l'égard de ces Objets

Peut-eſtre que l'Auteur pretend que
les Idées de Dieu ſuppléent à celles que
nous pourrions avoir. Mais il faut conſiderer que nos Idées ne ſont que des
Façons-d'Eſtre de noſtre Ame ; & cela
poſé , veut-il que les Idées de Dieu de-
viennent des Façons-d'Eſtre de noſtre
Ame? de quelque maniere qu'il le puiſſe concevoir , il en faudra toûjours raiſonner comme ſi c'eſtoit des Façons-
d'Eſtre de noſtre Ame , & l on retom-
beroit par-là dans toutes les Difficultez
que l'on tâche d'éviter.

Soit donc que Dieu nous produiſe ces
Idées, ſoit qu'il nous les communique
ſeulement : il faut qu'il le faſſe à tout-

moment que nous en avons befoin, &
à l'égard des feules chofes qu'il nous
veut découvrir, de-forte que cette Hy-
pothefe retourne juftement à la quatriéme Façon-de-connoiftre que l'Auteur a luy-méme refutée : outre qu'elle
eft accompagnée de plufieurs autres
difficultez dont nous avons parlé.

A pres cela, Monfieur, l'Auteur nous
doit pardonner fi nous ne fommes pas
contens de fa Methode, & nous devons
pardonner à l'Auteur, s'il n'a pas fait ce
qui eft neceffaire pour la decouverte de
la Verité. Cela eft extremement difficil-
le, & l on pourroit méme douter fi cela
eft poffible. Cependant fon Livre contient plufieurs Reflections tres - judi-
cieufes, On y rencontre par-tout des
marques de fa Modeftie & de fa Pieté,
de fon dés-intereffement, & du defir ge-
neteux qu'il fait paroiftre pour l'avan-
cement des Sciences. De forte que cet
Ouvrage n'eft pas des moindres de ceux
qui ont attire l'eftime de noftre Siecle,
& quelques defauts q 'on y puiffe re-
remarquer, ils font encore plus fup-
portables que les Chicanes de l'Ecole
dont l'Auteur s'eft heureufement déli-
vré.   *Du 30. Nov. 1674.*

Permis d imprimer. Fait ce 10. Decemb.
1674. DE LA REYNIE.

www.ingramcontent.com/pod-product-compliance
Ingram Content Group UK Ltd.
Pitfield, Milton Keynes, MK11 3LW, UK
UKHW022240120726
13694UKWH00003B/907